kOsmO & klaX®

ALLE GESCHICHTEN ZUM ERLEBEN

Alexandra Helmig
Christine Haberstock

mixtvision Verlag

IM SOMMER

IM HERBST

ALLE GESCHICHTEN ZUM ERLEBEN

kOsmO & klaX®

Alexandra Helmig
Christine Haberstock

mixtvision Verlag

IM WINTER

IM FRÜHLING

KLAX, der kleine rote Ball, der so gerne ein Froschkönig wäre. Mit seinem besten Freund Kosmo stürzt er sich in jedes Abenteuer und rollt mit ihm durch dick und dünn.

KOSMO UND KLAX UND IHRE FREUNDE

Im KinderErlebnisBuch entdecken Kosmo & Klax und ihre Freunde die Welt. Mit den Erlebniskarten aus der KinderErlebnisBox können auch kleine Leser spielerisch die Welt erobern.

»Kosmo & Klax – Alle Geschichten zum Erleben« bietet unterhaltsame Geschichten quer durch alle Jahreszeiten. Ergänzende Erlebniskarten regen zum Experimentieren, Spielen und ganz nebenbei spielerisch zum Lernen an. Die Kombination von Geschichte und Erlebniskarte fördert bei Kindern im Vor- und Grundschulalter Kreativität, Bewegung, Sinneswahrnehmung und Wissen.

Zu jeder der 32 Geschichten gibt es eine passende Erlebniskarte. Je nach Alter, Entwicklungsstand und Tagesform des Kindes kann es eine oder beide Aufgaben ausprobieren, die erste Aufgabe ist immer etwas leichter als die zweite. Zusätzliche Spielideen für die Karten finden Sie im Inneren der Kartenbox.

KOSMO, der heimliche Held der Freunde. Das neugierige Eichhörnchen mit der spitzen Nase hat den Kopf voller Ideen, mit denen es seine Freunde immer wieder begeistert.

LILI GRAUMAUS, die Kleinste im Freundeskreis, aber nicht zu unterschätzen. Mit ihrer pfiffigen und aufgeweckten Art sorgt sie für so manchen Streich.

HERR MÜMMELMANN, der herzensgute Angsthase, der dies aber nie zugeben würde und schon gar nicht vor Lili Graumaus. Er beeindruckt mit Charme und Phantasie.

FRAU GANS, die vornehme Dame, verlässt das Haus niemals ohne ihren riesigen Hut. Zuweilen schnippisch und altklug, steckt hinter dieser auffallenden Fassade jedoch ein mütterlicher Kern.

Nur bei **BIBO,** dem Biber – dem coolen Sprücheklopfer – verliert sie ihre Contenance und wird zur kichernden Turteltaube.

1
2
3
4

IM SOMMER

1 DER VERZAUBERTE FROSCHKÖNIG

Kosmo sitzt vor seinem Baumhaus und schaut über die bunte Wiese und den alten Spielplatz daneben. Blumen in allen Farben reihen sich aneinander und es duftet nach Sommer. »Wo sind bloß die anderen Eichhörnchen«, denkt Kosmo traurig und reibt sich mit seinem Schwanz den Schlaf aus den Augen. Plötzlich entdeckt er hinter einem Busch etwas Rotes. Neugierig klettert er vom Baum hinab und findet einen kleinen roten Ball.

»Wer bist du denn?«, fragt Kosmo. »Ich? Ich bin ein verzauberter Froschkönig«, antwortet der kleine Ball stolz. Kosmo überlegt. »Das glaube ich nicht. Ich finde, du siehst aus wie ein Ball.« Wütend deutet der kleine Ball auf seinen Kopf: »Und was ist das, hmm?« Kosmo zuckt mit den Schultern. Da kullern Tränen über den dicken Bauch des kleinen Balls. »Oh, entschuldige«, sagt Kosmo, »habe ich dich beleidigt?« Der kleine Ball schluchzt: »Ich glaube, ich habe meine Krone verloren.« »Eine Krone…?«, fragt Kosmo nachdenklich, »ich glaube, die habe ich gesehen.« »Ja, wo denn?«, fragt der kleine Ball freudig und ungeduldig zugleich.

Kosmo wedelt mit seinem Schwanz in Richtung Baum und tatsächlich: Eine kleine goldene Krone baumelt hoch oben an einem Ast. »Aber wie soll ich denn da hinkommen?«, jammert der kleine Ball und schlägt die Hände vors Gesicht. Blitzschnell klettert Kosmo auf den Baum, wedelt mit seinem Schwanz die Krone vom Ast herunter und setzt sie dem staunenden kleinen Ball auf den Kopf. »Hier«, sagt er ein wenig außer Atem, »das war ein Klacks für mich«. Vor lauter Freude beginnt der Ball knallrot zu leuchten. »Danke, du bist ein wirklicher Freund!« Kosmo strahlt und blickt verlegen auf den Boden. »Wollen wir wirklich Freunde sein?« Und als der Ball nickt, sagt er: »Ich bin Kosmo. Kosmo mit großem K. Und wie heißt du?« Der kleine Ball überlegt kurz und ruft: »Klax, ich heiße Klax. Klax mit kleinem x.« Und so beginnen die Abenteuer von Kosmo und Klax.

2 WIE SIEHST DU DENN AUS?

Klax hat einen kleinen Spiegel gefunden. »Guck mal, was ich hier habe«, ruft er Kosmo zu und betrachtet sich voller Freude von allen Seiten darin. Neugierig kommt Kosmo angelaufen. »Oh, lass mich auch mal sehen«, ruft er aufgeregt und schneidet seinem Spiegelbild eine Grimasse. »Wie du aussiehst«, lacht Klax und krümelt sich auf der Wiese. Dann macht er auch ein komisches Gesicht und beide müssen schrecklich lachen. Plötzlich wird Klax ganz still und piepst traurig: »Du Kosmo, warum hab' ich eigentlich keinen Schwanz?« »Na weil, weil du kein Tier bist.« »Haben alle Tiere einen Schwanz?« »Ja, ich glaube schon«, sagt Kosmo.

Ein Schmetterling schwirrt an ihnen vorbei. »Hallo Herr Schmetterling«, ruft Klax ihm zu, »hast du einen Schwanz?« »Einen Schwanz, um Gottes Willen. Nein!«, entgegnet der Schmetterling empört, »ich, ich habe Flügel.« Und schon ist er davon geflogen. Kurze Zeit später seilt sich eine Spinne von einem Baum herab. »Hallo Frau Spinne«, ruft Klax, »hast du einen Schwanz?« »Einen Schwanz, spinnt ihr?«, grummelt die Spinne und spinnt weiter an ihrem Netz. Dann entdecken sie einen Frosch, der inmitten einer großen Pfütze herumplanscht. »Hallo Herr Frosch, hast du einen Schwanz?« »Ich? Nein, was für eine Frage«, quakt der Frosch. »Ich habe eine klebrige Zunge.« Und schwups landet seine lange, klebrige Zunge mitten in Klax' Gesicht.

»Siehst du«, sagt der Frosch und zieht ihn zu sich heran. »Das ist ja eklig«, schreit Klax und versteckt sich hinter Kosmo. Der Frosch lacht und hüpft davon. Da sagt Frau Eule, die die beiden schon die ganze Zeit beobachtet: »Seht ihr, alle Tiere sehen verschieden aus und jeder ist etwas Besonderes.« »Ja, aber ich bin doch nur ein Ball«, sagt Klax und verliert schon wieder ein wenig Luft vor Traurigkeit. »Du! Du bist doch ein verzauberter Froschkönig«, sagt Kosmo und rückt ihm die kleine Krone zurecht. »Und deshalb bist du etwas GANZ Besonderes.«

3 DAS KIRSCH

KERNSPUCKEN

Kosmo und Klax haben den ganzen Vormittag über Kirschen gepflückt. Stolz betrachten sie den riesigen Haufen, den sie gesammelt haben. Kosmo probiert eine besonders dunkelrote Kirsche. »Hmm, schmeckt die lecker!« Auch Klax steckt sich eine Kirsche in den Mund und lutscht eifrig darauf herum. »Autsch«, schreit er plötzlich, »da ist ja ein Kern drin.« »Natürlich«, sagt Kosmo, »die Kerne muss man ja auch ausspucken. Guck, so!« Er spuckt den Kirschkern aus. Plopp. Der Kern landet neben einem kleinen Loch. »Ich weiß jetzt, was wir spielen. Kirschkernspucken. Und wer die meisten Kerne in das Loch trifft, hat gewonnen.« »Tolle Idee!« Klax holt tief Luft und spuckt seinen Kern in hohem Bogen in das Loch. »Juchhu, juchhu«, schreit er, »getroffen!« Kosmo steckt sich gleich vier Kirschen auf einmal in den Mund und versucht alle vier Kerne in das Loch zu spucken. »Doppeltreffer«, schreit er übermütig, als zwei Kerne im Loch verschwinden.

»Du schummelst«, sagt Klax und stopft sich gierig eine ganze Hand voll Kirschen in den Mund. Plopplopplopplopplopplopp fliegen die Kerne durch die Luft. Doch plötzlich hören sie eine Stimme aus dem Loch: »Na warte. Wenn ich den Übeltäter erwische, der mir hier andauernd auf den Kopf spuckt, der kann was erleben.« Ängstlich sehen sich Kosmo und Klax an. Sie fassen sich an den Händen und rennen so schnell sie können zu ihrem Baumhaus. Puh, Glück gehabt, niemand hat sie gesehen, oder etwa doch? Wütend schiebt Lili Graumaus Kern für Kern aus ihrem Mauseloch. »Das ist ganz schön gemein von euch«, schimpft sie und schlüpft grummelnd zurück in ihr Loch. Kosmo und Klax kauern mucksmäuschenstill in ihrem Versteck und schämen sich so sehr, dass sie ganz rot anlaufen. Dann fassen sie einen Entschluss.

Sie packen alle Kirschen ein und gehen zurück zu dem Loch. Leise klopfen sie an. Lili Graumaus steckt ihren Kopf heraus: »Was ist?«, fragt sie noch immer ein wenig verärgert darüber, dass jemand sie erneut in ihrer Mittagsruhe stört. »Entschuldigung«, murmeln Kosmo und Klax und zeigen Lili Graumaus die vielen Kirschen. »Äh, die sind für dich!«»Na so etwas«, lächelt Lili Graumaus, »so viele Kirschen, das ist aber nett von euch. Allein schaffe ich das aber nicht. Wollen wir sie nicht zusammen essen?« »Au ja«, rufen Kosmo und Klax wie aus einem Mund. Und die Kirschkerne? Die sammeln sie auf einem kleinen Haufen direkt neben dem Mauseloch. Wer weiß, was man mit denen noch so alles machen kann!?

4 AUF DIE PLÄTZE, FERTIG, LOS!

Bist du schon mal geflogen?«, fragt Kosmo und schaut sehnsüchtig auf einen Vogel am Himmel. Klax bläht sich auf. »Natürlich, schon oft sogar.« »Glaube ich dir nicht«, sagt Kosmo und schubst ihn mit seinem Schwanz. Klax ist wütend. »Und wieso nicht?« »Weil du nicht einmal klettern kannst.« In Windeseile klettert Kosmo einen Baum hinauf und wieder hinab. Wieder unten sagt er außer Atem: »Siehst du, das kannst du nicht.« »Na und, dafür kann ich rollen wie ein Auto.« Klax nimmt seine Krone vom Kopf und rollt über die Wiese so schnell er nur kann. »Hmm«, sagt Kosmo und hastet von Ast zu Ast, »aber ich kann springen.« »Na und, dafür kann ich schwimmen wie ein Schiff.« Klax kugelt blitzschnell zum Bach hinunter und lässt sich ins Wasser plumpsen.

Aufgeregt rennt Kosmo hinterher und läuft am Wasser entlang. »Aber du kannst nicht so schnell rennen wie ich.« »Kann ich wohl.« Klatschnass hüpft Klax wieder an Land und beide rasen um die Wette über die Wiese und bleiben schließlich erschöpft nebeneinander im Gras liegen. »Ich hab' gewonnen«, piepst Klax mit letzter Kraft. »Nein, ich«, haucht Kosmo atemlos.

Dann schauen sie sich an und prusten laut los vor Lachen: »Wir waren beide gleichschnell.« Sie kuscheln sich aneinander und schauen in den Himmel. Ein kleines rotes Flugzeug fliegt vorbei. »Weißt du was«, sagt Kosmo, »wenn wir groß sind, machen wir eine Reise mit dem Flugzeug und dann fliegen wir am Himmel wie die Vögel.« Beide schließen die Augen und träumen davon, wie sie über den Wolken fliegen.

5 END

LICH BADEZEIT

Klax liegt in der Sonne und freut sich über den schönen Tag. Kosmo jedoch kauert im Schatten seines Lieblingsbaumes und stöhnt: »Mir ist so heiß! Ich kann mich nie wieder bewegen.« Da hat Klax eine Idee: »Ich hab's, wir machen einen Ausflug zum See.« Aufgeregt kugelt er über die Wiese. »Los komm«, schreit er und rollt los. Kosmo rührt sich nicht vom Fleck. »Was ist denn?«, ruft Klax ungeduldig. »Ich mag kein Wasser«, nuschelt Kosmo trotzig, »und außerdem kann ich nicht schwimmen.« Klax überlegt eine Weile. »Das macht nichts. Du hältst dich einfach an mir fest.« Energisch zerrt er Kosmo mit sich.

Als sie den See erreichen, hüpft Klax übermütig ins kalte Wasser. Kosmo bleibt unschlüssig am Ufer stehen. »Komm, halt dich fest«, ruft Klax und schwimmt zu ihm hin. Vorsichtig klettert Kosmo auf Klax' Rücken und gemeinsam schwimmen sie zur Mitte des Sees. Plötzlich verliert Kosmo das Gleichgewicht und rutscht ab. Erschrocken rudert er mit den Armen und klammert sich mit seinem Schwanz an einen vorbeischwimmenden Ast. Klax reibt sich die Augen. »Du kannst ja doch schwimmen.« Kosmo guckt verlegen. »Hm, ja. Das wusste ich auch nicht.« »Lügner, Lügner«, schreit Klax und spritzt ihn nass.

Kosmo spritzt zurück. Sie planschen und tollen im Wasser herum, bis sie ganz außer Atem sind. »Weißt du was«, lacht Kosmo und spuckt etwas Wasser aus, »ich bleibe für immer im Wasser. Hier ist es so schön kühl.« Irgendwann wird es den beiden aber doch zu kalt und sie schwimmen zurück ans Ufer. Und siehe da, wer hätte das gedacht: Kosmo legt sich neben Klax in die Sonne und genießt die Wärme auf seinem nassen Fell. Baden ist doch schön!

6 NUR EIN KLEINES BISSCHEN

Kosmo will Eierpfannkuchen backen. In einer Schüssel verrührt er Milch, Zucker und Eier mit einem Holzlöffel. »Jetzt du.« Begeistert schüttet Klax Mehl dazu, so lange bis der Teig dickflüssig ist. »Jetzt noch ein Stück Butter, dann ist der Teig fertig«, sagt Kosmo stolz. »Darf ich mal probieren?«, fragt Klax. Kosmo guckt streng. »Aber nur ein kleines bisschen.« Schon hat Klax seinen kleinen Finger in die Schüssel gesteckt. »Hmm lecker. Probier' auch mal«, sagt er und strahlt. Na gut, denkt Kosmo, ein kleines bisschen schadet ja nicht. Er tunkt seinen Schwanz in die Schüssel und schleckt ihn genüsslich ab.

»Ich auch noch mal«, piepst Klax aufgeregt und steckt erneut seinen kleinen Finger in die Schüssel. Sie probieren und probieren. Oops, da ist die ganze Schüssel leer. Kosmo schaut traurig: »Jetzt können wir gar keine Pfannkuchen mehr backen.« »Macht nichts«, stöhnt Klax und hält sich den vollen Bauch, »ich könnte sowieso keinen einzigen Pfannkuchen mehr essen. Außerdem hat mir der Teig viel besser geschmeckt.« Doch plötzlich wird Klax ganz grün im Gesicht. »Was ist denn mit dir?«, fragt Kosmo besorgt. Klax zeigt auf seinen Bauch und jammert: »Ich habe Bauchschmerzen.« »Warte«, sagt Kosmo, »leg' dich ins Bett. Ich mache dir einen Kamillentee. Dann geht's dir gleich besser.«

Einige Minuten später ist der Tee fertig. »Ihh, der schmeckt ja fürchterlich. Den trinke ich nicht«, sagt Klax, aber dieses Mal bleibt Kosmo streng. »Der wird getrunken.« Er setzt sich neben Klax und streichelt ihm liebevoll den Bauch. Mit jedem Schluck Tee geht es Klax besser. Und bald schon kann er wieder lächeln: »Du Kosmo«, sagt er, »beim nächsten Mal probiere ich nicht mehr von dem Teig – vielleicht nur ein ganz kleines bisschen.« Kosmo lacht und drückt Klax fest an sich.

7 DAS GROSSE SOMMER TIERFEST

RECHTS
LINKS

Kosmo und Klax sitzen in ihrem Baumhaus und lassen die Füße baumeln, als Herr Mümmelmann vorbei hoppelt. Aufgeregt wackeln seine Ohren hin und her. »Ich glaube, er sucht etwas«, flüstert Kosmo. Erschrocken blickt Herr Mümmelmann nach oben. Als er Kosmo und Klax entdeckt, ruft er ihnen zu: »Nein, es ist so: Ich will zum Sommertierfest im Zoo, aber ich kann mich nicht mehr an den Weg erinnern.« »Oh, da möchte ich auch hin«, sagt Klax.

Herr Mümmelmann strahlt. »Prima. Dann kommt doch mit mir. Gemeinsam suchen macht auch viel mehr Spaß.« Klax lässt sich vom Baum purzeln und rollt aufgeregt vorweg. Kosmo und Herr Mümmelmann folgen ihm. Es dauert nicht lang, da teilt sich der Weg. Unschlüssig schauen sie sich an. Zum Glück kommt ein Fuchs daher. »Hallo Herr Fuchs«, ruft Klax, »wir wollen zum Sommertierfest.« »Das trifft sich gut«, sagt der Fuchs, »da will ich auch hin.« Gemeinsam setzen sie ihre Reise fort. Sie gehen weiter und weiter und immer mehr Tiere schließen sich ihnen an. Bald schon hat sich eine große Karawane gebildet: Ein Reh, eine Kuh, zwei Regenwürmer, Lili Graumaus, ein Maulwurf, Bibo der Biber, Frau Eule und eine Amsel, die fröhlich zwitschernd vorweg fliegt. »Sieh mal, Kosmo«, schreit Klax plötzlich. »Da ist ein Baumhaus, das genauso aussieht wie unseres.« »Oh ja, oh ja«, ruft Kosmo aufgeregt. Doch dann stutzt er: »Klax, ich glaube, das IST unser Baumhaus.« Klax' Krone rutscht ihm ins Gesicht. »Den ganzen weiten Weg und jetzt sind wir doch wieder da, wo wir vorher waren«, sagt er traurig.

Für eine Weile sind alle Tiere verstummt und schauen sich ratlos an. Plötzlich schreit Kosmo: »Ich hab's! Wir feiern unser eigenes Sommertierfest!« Und dann feiern sie bis spät in die Nacht und es kommen immer mehr Tiere dazu. Das Reh tanzt mit dem Maulwurf, der Fuchs verliebt sich ein kleines bisschen in Bibo den Biber und die Amsel trällert die schönsten Melodien. Spät in der Nacht liegen Kosmo und Klax in ihrem Baumhaus und freuen sich über das schöne Fest.

8 EIN ECHTER HELD

Kosmo und Klax sitzen im Gras und langweilen sich. Plötzlich landet neben ihnen ein Apfel. »Wo kommt der denn her?«, fragt Klax. »Von da!« Kosmo zeigt auf einen Baum ganz in der Nähe, an dem viele reife Äpfel hängen. Er hat eine Idee. »Weißt du was, Klax. Heute ernten wir die Äpfel.« »Au ja«, piepst Klax und hüpft vor Begeisterung so doll, dass ihm seine kleine Krone fast vom Kopf rutscht. Plötzlich hält er inne. »Aber ich kann doch nicht klettern«, murmelt er kleinlaut. »Aber ich«, ruft Kosmo und klettert flink den Baum hinauf. Er schmeißt Klax einen Apfel, zwei Äpfel, drei Äpfel und schließlich ganz viele Äpfel nach unten. »Stopp«, schreit Klax, der mühsam versucht, den fliegenden Äpfeln auszuweichen. »Die können wir doch gar nicht alle essen.«

Da entdeckt Kosmo einen besonders schönen Apfel hoch oben im Baum. Langsam hangelt er sich dorthin, aber der Apfel hängt so hoch, dass er das Gleichgewicht verliert und nach unten plumpst. »Autsch!« Aufgeregt rollt Klax zu ihm hin. »Hast du dir weh getan?«, fragt er ängstlich. Kosmo schüttelt den Kopf, aber eine Träne kullert über sein Fell. »Aber warum weinst du dann?«, fragt Klax. »Weil ich so gerne diesen Apfel da oben hätte.« Klax überlegt, dann nimmt er seine Krone vom Kopf und setzt sie Kosmo auf. »Warte, ich hole dir den Apfel.«

Kosmo streichelt ihm mit dem Schwanz über den Kopf: »Ach kleiner Klax, lass nur, du kannst doch gar nicht klettern.« »Na und!«, sagt Klax und bläht sich auf. Er nimmt Anlauf und rollt einige Male mit voller Wucht gegen den Baum. Etwas benommen landet er wieder neben Kosmo, der ihn erstaunt ansieht. Auf einmal fallen ganz viele Äpfel vom Baum. »Was ist das denn?«, ruft Kosmo begeistert. Direkt neben ihm im Gras liegt der Apfel, den er so gerne haben wollte. Er setzt Klax seine kleine Krone wieder auf: »Du bist ein echter Held.« Klax wird knallrot vor Freude. Da segelt ein gelbes Blatt vom Baum herab. Bald kommt der Herbst und neue Abenteuer warten auf Kosmo und Klax.

9
10
11
12

IM HERBST

9 SO EIN MIST

Es ist ein schöner Herbsttag. Kosmo und Klax wandern zu der großen Wiese jenseits des Sees. Auf dem Rücken trägt Kosmo einen Rucksack mit leckeren Äpfeln. Endlich erreichen sie ihr Ziel. Aber was ist das? Ihre ehemals grüne Wiese ist jetzt braun, kurz und stoppelig. Überall liegen riesige Heuhaufen. »Was ist das denn?«, fragt Klax. »Getrocknetes Gras«, sagt ein Maulwurf, der sich auf seinem Maulwurfshügel sonnt: »Bald kommt der Bauer und bringt es auf seinen Hof.« In diesem Moment hören sie schon den Traktor.

Schnell verstecken sich Kosmo und Klax in einem der Heuhaufen und klammern sich ängstlich aneinander. Ehe sie sich versehen, werden sie mit dem Heuhaufen auf den Anhänger gehoben. »Wo sind wir?«, fragt Klax nach einer Weile und ihm ist ein wenig mulmig zumute. Da biegt der Traktor um die Ecke und fährt auf einen Bauernhof. Die beiden springen vom Anhänger herunter und flüchten in einen Stall. Dort veranstalten drei grunzende kleine Ferkel gerade eine Schlammschlacht. »Achtung«, quiekt das Kleinste von ihnen und Klax kann gerade noch der Ladung Dreck ausweichen, die auf ihn zufliegt. »So eine Schweinerei. Bloß weg hier.« Eilig zieht er Kosmo in den nächsten Stall.

»Muuuh«, brüllt es ihnen hier von allen Seiten entgegen. Kosmo rümpft die Nase: »Hier stinkt's.« Sie rennen wieder nach draußen. Ein kleiner Junge schreit: »Guck mal, Papa, ein roter Fußball«, und kickt den armen Klax in hohem Bogen über den Hof. »Aua!«, schreit Klax und reibt sich benommen den Kopf. Doch schon naht der nächste Schrecken. Ein Pferd trabt auf ihn zu und wiehert: »Lecker, so ein großer Apfel.« »Nein! Ich bin kein Apfel. Hilfe!«, ruft Klax panisch. Gerade noch rechtzeitig kommt Kosmo angerannt. Er schüttet die leckeren Äpfel aus dem Rucksack, und die kullern dem Pferd genau vor die Hufe. Schmatzend schlingt es alle Äpfel mit einem Bissen hinunter. Dann rückt es sich die große Brille zurecht und schaut Kosmo und Klax neugierig an. »Nanu! Wer seid ihr denn?« »Ich bin Kosmo und das ist Klax«, sagt Kosmo und stellt sich schützend vor seinen Freund. »Ich heiße Lissy. Tut mir leid, dass ich euch so erschreckt habe, aber meine Augen sind nicht mehr so gut. Kann ich irgendetwas für euch tun?« »Ja«, ruft Klax, »wir wollen wieder nach Hause. Kennst du die große Wiese hinter dem See?« »Ich kann zwar nicht mehr so gut sehen, aber die kenne ich«, grinst Lissy und schon sitzen Kosmo und Klax auf ihrem Rücken und reiten schnell wie der Wind zurück zu ihrem Baumhaus. Was für ein ereignisreicher Tag!

10 FLEISSIGE HANDWERKER

Kosmo knabbert an einer Nuss. »Möchtest du auch?«, fragt er und hält Klax die Nuss hin. Klax schüttelt den Kopf. »Was ist denn mit dir?«, fragt Kosmo, »du siehst so traurig aus.« Klax sieht ihn verlegen an, dann schluchzt er leise: »Ich möchte auch ein Baumhaus haben.« Kosmo ist erstaunt: »Aber, das hier ist doch auch dein Haus.« »Schon«, sagt Klax, »aber ein eigenes Zimmer ist doch etwas anderes. Ich meine ein Zimmer ganz für mich allein.« Kosmo überlegt: »Dann bauen wir dir eins, okay?« Klax strahlt ihn an und rollt vor Freude hin und her.

Den ganzen Tag über sammeln sie kleine und große Äste und schichten sie übereinander. Immer mehr Tiere helfen ihnen dabei. Bummelbiene bringt Honig zum Verkleben der Äste und die vornehme Frau Gans schenkt Klax ein paar ihrer schönsten Federn, aus denen die Elster einen wunderschönen Teppich knüpft. Stolz betrachtet Klax sein neues Zuhause. Die Anstrengung hat sich gelohnt, das Baumhaus ist wunderschön. In der Zwischenzeit ist es dunkel geworden und alle sind hundemüde von der ungewohnten Arbeit. Klax gibt Kosmo einen Gute-Nacht-Kuss und rollt selig in sein neues Baumhaus. Noch einmal steckt er seinen Kopf heraus und winkt: »Schlaf gut, Kosmo.« »Du auch, Klax«, ruft Kosmo und legt sich in sein Bett.

Lange starrt er in die Dunkelheit. Er fühlt sich so allein, eine dicke Träne kullert über sein Gesicht. Traurig zieht er sich die Decke über den Kopf und sehnt sich nach seinem Freund. Da spürt er plötzlich etwas Rundes, das sich von hinten an ihn kuschelt. »Klax, bist du das?«, fragt er leise. »Ja«, flüstert Klax und umarmt ihn. »Es ist so schrecklich einsam ohne dich. Ich will nie wieder allein schlafen.« Kosmo lächelt. Glücklich kuscheln sie sich aneinander und schlafen auf der Stelle ein.

11 DAS BLAUGRÜNE UNGETÜM

Kosmo und Klax sitzen eng aneinander gekuschelt im Baumhaus. Draußen bläst ein kalter Herbstwind. Der Spielplatz ist übersät mit gelben, roten und braunen Blättern. »Mir ist kalt«, murrt Klax und gräbt seinen Kopf in Kosmos Fell. »Du musst dich bewegen, dann wird dir warm.« Kosmo streckt sich. »Komm«, ruft er, »wir spielen Fang-das-Blatt.« Er klettert den Baum hinunter und lässt sich in einen Blätterhaufen fallen. Klax nölt: »Ich hab keine Lust.« »Dann spiel ich eben allein, du Langweiler«, ruft Kosmo und rennt hinter einem gelben Blatt her. »Selber Langweiler«, ruft Klax. Verärgert lässt er sich vom Baum fallen und jagt hinter Kosmo her. Gemeinsam versuchen sie das gelbe Blatt zu fangen.

Sie rennen und springen so hoch sie können, aber vergebens. Immer wenn einer von ihnen es beinah zu fassen bekommt, fliegt es wieder davon – über den Spielplatz hinaus auf die Wiese, am Fluss entlang bis hin zum See mit der alten Trauerweide am Ufer.
Plötzlich stolpert Kosmo über ein blaugrünes Ungetüm. »Klax«, ruft er außer Atem, »guck mal, was ich gefunden habe. Sieht aus wie ein riesengroßer Schmetterling aus Papier.« Neugierig kommt Klax näher. »Nein, das ist ein Drachen, der fliegen kann«, sagt er und freut sich, dass er einmal mehr weiß als Kosmo. »So ein Quatsch. Wie soll der denn fliegen?« »Na so.« Gekonnt nimmt Klax die Schnur in die Hand, die an dem Drachen befestigt ist. In diesem Moment wirbelt ein kräftiger Windstoß den Drachen in die Luft – mit weit aufgerissenen Augen klammert sich Klax an die Leine. Aufgeregt rennt Kosmo hinter Klax her, der mit dem Drachen immer höher und höher fliegt. Direkt auf einen Baum zu. »Ohhh je«, piepst Klax und hält sich ängstlich die Augen zu. Aber er hat Glück, der Drachen bleibt flatternd in der Baumkrone hängen.

Kosmo eilt zu Klax. »Wow«, sagt er beeindruckt, »wie hoch du geflogen bist. Hattest du gar keine Angst?« »Nööö, kein bisschen«, flunkert Klax. »Zeigst du mir auch mal, wie das geht?«, fragt Kosmo. »Wenn du mir versprichst, dass du nie wieder Langweiler zu mir sagst.« »Ehrenwort«, schwört Kosmo.

12 GESCHICHTEN

ERZÄHLER

Seit Tagen regnet es in Strömen. Auf dem Spielplatz haben sich große Pfützen gebildet. Kosmo und Klax sitzen in ihrem Baumhaus. Den ganzen Morgen über haben sie sich Geschichten erzählt. Jetzt fällt ihnen keine mehr ein. Nachdenklich drücken sie ihre Nasen an die beschlagene Fensterscheibe. Plötzlich klopft es an der Tür. Überrascht sehen sie sich an. Wer das wohl sein mag?

Draußen steht Lili Graumaus. Völlig durchnässt piepst sie: »Darf ich reinkommen? Es regnet so schrecklich und mein Erdloch steht unter Wasser.« »Natürlich«, rufen Kosmo und Klax wie aus einem Mund, »aber du musst uns eine Geschichte erzählen.« »Mmh«, sagt Lili Graumaus, »lasst mich mal überlegen.« Da klopft es schon wieder. Herr Mümmelmann steht vor der Tür. Seine langen Ohren schleifen pitschnass auf dem Boden. »Darf ich reinkommen?«, fragt er, »meine Grube steht unter Wasser.« »Natürlich«, rufen Kosmo und Klax wie aus einem Mund, »Lili Graumaus wollte uns gerade eine Geschichte erzählen.« »Ich liebe Geschichten«, sagt Herr Mümmelmann und setzt sich zu Lili Graumaus aufs Sofa. Erneut klopft es an der Tür. Wer das jetzt wohl sein mag? Es ist die vornehme Frau Gans, die heute gar nicht vornehm aussieht. Von ihrem Hut tropft das Wasser in kleinen Rinnsalen herunter. »Ich darf doch«, sagt sie und watschelt schnurstracks herein. »Meine gesamte Wohnung steht unter Wasser. Hatschi!« Sie schnäuzt in ihr Taschentuch.

Endlich sitzen alle aneinander gekuschelt auf dem Sofa und Lili Graumaus beginnt zu erzählen: »Es war einmal eine kleine Graumaus, die hatte so große Ohren, dass kein Mäuserich sie heiraten wollte.« Sie stockt und schaut in die Runde. »Weiter weiß ich nicht.« Da kommt ihr Herr Mümmelmann zu Hilfe: »Eines Tages kam ein stattlicher Hasenprinz vorbei. Seit Jahren schon war er auf der Suche nach einer geeigneten Prinzessin, aber alle hatten zu kleine Ohren...« »Guckt mal, es hat aufgehört zu regnen«, platzt Kosmo dazwischen und stürmt nach draußen. Schnell folgen ihm Klax, Lili Graumaus, Herr Mümmelmann und die vornehme Frau Gans im Gänsemarsch.

Am Himmel entdecken sie einen wunderschönen Regenbogen. Leise fragt Klax: »Und was passierte mit der Graumaus?« »Die heiratete den Hasenprinzen und sie lebten glücklich bis an ihr Lebensende im Regenbogenland«, flüstert Herr Mümmelmann.

13 KUGELRUND VERLIEBT

Wo wollt ihr denn hin?«, fragt Lili Graumaus erstaunt, als Kosmo und Klax im Stechschritt an ihr vorbeimarschieren. »Wir machen einen Ausflug in die Stadt«, sagt Klax stolz. »Oh, da müsst ihr unbedingt meinen Onkel Rudi grüßen«, ruft Lili Graumaus freudig, »er wohnt gleich hinter der Brücke in einer riesigen Lagerhalle.« »Machen wir«, rufen Kosmo und Klax und eilen weiter. Nachdem sie die Brücke überquert haben, erreichen sie die riesige Lagerhalle. »Herr Onkel Rudi«, rufen sie laut, »schöne Grüße von ihrer Nichte Lili Graumaus«.

Ein flinker Mäuserich kommt auf die beiden zugerannt: »Grüße von meiner Lieblingsnichte. Das ist aber schön.« Er schüttelt den beiden eifrig die Hand. »Und ihr seid sicher Kosmo und Klax. Stimmt's?« »Jaaa«, rufen beide erstaunt, »woher weißt du das?« »Ach«, schmunzelt Rudi, »man hört so einiges über euch. Guckt mal hier«, sagt er und deutet verschwörerisch auf ein Loch in der Wand: »Das hab ich gebuddelt. Dahinter befindet sich die größte Fischausstellung der Welt.« Neugierig zwängt sich Kosmo durch das Loch. Klax muss erst ein bisschen Luft ablassen, bevor er durch das enge Mauseloch passt, aber dann hat er es auch geschafft. Staunend sehen sie sich um: Überall Aquarien, in denen sich Fische in den unterschiedlichsten Farben und Größen tummeln. Blaue und gelbe, große und kleine, getupfte und gestreifte.

Plötzlich bleibt Klax wie hypnotisiert vor einem wunderschönen, bunt schillernden Kugelfisch stehen. Er drückt seine Nase gegen das Glas und flüstert: »Kiki.« »Wer?«, fragt Kosmo verdutzt. »Sie heißt Kiki.« Verliebt zeigt Klax auf den Kugelfisch. Auf einmal springt Kiki aus ihrem Becken heraus direkt auf Kosmos Kopf. Platsch! Schnell steckt Klax sie in den Rucksack und rollt nach draußen – vorbei an Rudi, der sich ein wenig wundert – über die große Brücke hinweg bis zum Baumhaus. Dort öffnet er vorsichtig den Rucksack. Aber was ist das? Die schöne Kiki schillert gar nicht mehr bunt, sondern ist furchtbar blass geworden. »Sie braucht Wasser«, erklärt ihm Frau Eule, »sonst kann sie nicht leben.«

Schweren Herzens bringt Klax seine neue Freundin hinunter zum Bach. Kaum ist Kiki im Wasser, fängt sie wieder an zu schillern. Übermütig planscht sie herum, springt noch einmal ans Ufer und drückt Klax einen feuchten Schmatzer auf den Mund: »Ich komme wieder«, ruft sie, »und dann erzähle ich dir von meiner Reise zum Meer.« Klax sieht ihr sehnsüchtig nach. Da zwickt ihn Kosmo in die Seite: »Hey, wovon träumst du?« »Von Kiki Kugelfisch.« »Guck mal, ich bin auch ein Kugelfisch«, sagt Kosmo und bläst die Backen voller Luft. Klax kugelt sich vor Lachen.

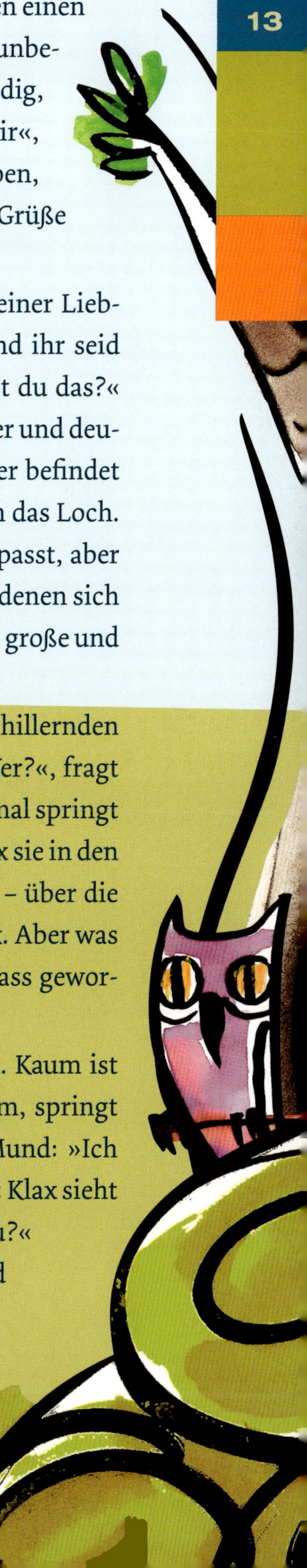

14 MIR TUT ALLES WEH

Steh doch auf«, sagt Klax und zerrt an Kosmos Schwanz, »es ist so schön draußen.« »Ich kann nicht, mir tut alles weh«, krächzt Kosmo heiser und zieht sich die Decke über den Kopf. Klax ist ratlos. Seit gestern will Kosmo weder essen noch spielen. Und jetzt will er nicht einmal mehr aus dem Bett. Klax macht sich große Sorgen. Frau Eule fällt ihm ein, die kann bestimmt helfen. Er muss nicht lange suchen, denn tagsüber ist Frau Eule immer zu Hause und schläft. »Frau Eule«, flüstert Klax, »bitte wach auf, du musst Kosmo helfen.« Angestrengt blinzelt Frau Eule ins Tageslicht.

Doch als sie den aufgeregten Klax sieht, ist sie hellwach. Schnell putzt sie sich das Gefieder und eilt mit Klax zum Baumhaus. Dort liegt Kosmo im Bett und wirft sich jammernd hin und her. Frau Eule befühlt Kosmos Stirn. Dann sagt sie mit ernster Stimme: »Kosmo hat hohes Fieber. Er muss jetzt viel trinken und braucht dringend Vitamine, damit er schnell wieder gesund wird.« »Wo gibt's das denn, Vitamine?«, fragt Klax. »Vitamine sind in Früchten und Gemüse und in ganz vielen anderen Sachen.« »Aber im Herbst wächst doch gar nichts mehr«, entgegnet Klax besorgt. Aber auch hier weiß Frau Eule Rat: »Geh in den Wald und frag alle Tiere, ob sie dir etwas von ihren Wintervorräten abgeben.« Klax rennt sofort los. Und er hat Glück. Herr Mümmelmann schenkt ihm ein paar Mohrrüben, Lili Graumaus spendet ein großes Glas eingelegter Kirschen und die Amsel bringt getrocknete Stachelbeeren vorbei.

Die vornehme Frau Gans hat eine ganz besondere Überraschung. Auf ihrem Kopf trägt sie einen riesigen Hut, aus dem sie eine große Ananas und zwei Kiwis herauszaubert. Klax staunt. »Wo hast du die denn her?« »Das bleibt mein Geheimnis«, sagt Frau Gans und freut sich, dass ihre Überraschung gelungen ist. Auch der Frosch möchte helfen. Er hat eine tote Fliege dabei. »Vielen Dank, das ist wirklich nett«, sagt Klax, »aber eine Fliege hat keine Vitamine.« »Aber die schmeckt«, sagt der Frosch, und schwuppdiwupp landet die Fliege auf seiner klebrigen, langen Zunge. Klax schaut angeekelt weg. In den kommenden Tagen kümmert sich Klax liebevoll um seinen Freund. Er rührt, schüttelt und mixt die leckersten Säfte. Bald ist Kosmo wieder topfit und die beiden bedanken sich bei allen Tieren, die geholfen haben. Schön, dass es Freunde gibt!

15 ICH SEHE WAS, WAS DU NICHT SIEHST

Es ist alles so grau«, seufzt Klax, »wo sind bloß die ganzen Farben hin?« »Weiß auch nicht«, sagt Kosmo. Eine Weile sitzen sie nebeneinander und blasen Trübsal. Plötzlich sagt Kosmo: »Ich sehe was, was du nicht siehst und das ist rot und rund.« Klax sieht sich um. »Rot und rund?«, fragt er, »was soll das denn sein?« Angestrengt runzelt er die Stirn. Dabei fällt ihm seine Krone vom Kopf. Kosmo kringelt sich vor Lachen. »Du bist gemein«, sagt Klax beleidigt, »los, sag's mir.« »Du! Rot und rund, das bist du!«, prustet Kosmo.

Klax sieht ihn verdutzt an und sagt ärgerlich: »Das zählt nicht.« »Warum nicht?« »Weil... weil...« Dann sagt er: »Ich sehe was, was du nicht siehst und das ist rund, spitz und braun.« »Der Ast da«, ruft Kosmo und klettert siegessicher darauf zu. »Nein«, quietscht jetzt Klax vor Freude: »Du! Rund, spitz und braun, das bist du.« Kosmo sieht an sich herunter. »Wo bin ich denn spitz?« »Na, deine Nase ist doch ganz spitz«, sagt Klax und stutzt dann: »Warum eigentlich?«, will er wissen. »Normalerweise haben alle Eichhörnchen eine Stupsnase, wieso du nicht?« Kosmo zuckt mit den Achseln:

»Meine Mama hat immer gesagt, dass meine Nase so spitz ist, weil ich sie überall hineinstecken muss.« Aber Klax hört schon nicht mehr zu. Fasziniert schaut er in Richtung Straße und flüstert in die Dunkelheit: »Ich sehe was, was du nicht siehst, und das leuchtet so hell wie ein Stern.« Auch Kosmo entdeckt jetzt die strahlenden Ballons, die – wie von unsichtbarer Hand gezogen – in der Luft schweben. Neugierig laufen sie darauf zu und sehen eine Menge Tiere, von denen jedes eine Laterne vor sich her trägt. Auch ihre Freunde entdecken sie: Herr Mümmelmann hat eine orange Laterne, die aussieht wie eine riesengroße Mohrrübe, und die vornehme Frau Gans hat sich eine Laterne gebastelt, die sie wie einen Regenschirm über ihrem Kopf trägt. Aber dann entdecken Kosmo und Klax einen kleinen Igel, der weinend am Wegesrand sitzt.

»Wieso bist du so traurig?«, fragt Klax voller Anteilnahme. Das kleine Igel-Baby sieht die beiden aus verweinten Augen an und schluchzt: »Meine Laterne ist kaputt. Der Stiel ist abgebrochen und jetzt kann ich sie gar nicht mehr tragen.« Kosmo hebt die Laterne des kleinen Igels auf. »Aber das macht doch nichts«, sagt er und hängt sie sich an seine spitze Nase. Der kleine Igel strahlt. Gemeinsam folgen sie den anderen Tieren und singen Laternenlieder bis spät in die Nacht. Wofür eine spitze Nase doch so alles gut ist!

16 MEINE ERSTE SCHNEEFLOCKE

Kosmo und Klax liegen im Bett. »Gute Nacht«, sagt Klax, schließt die Augen und schläft sofort ein. Kosmo wälzt sich unruhig hin und her. »Klax«, flüstert er nach einer Weile, »schläfst du schon?« »Mmh«, murmelt Klax und blinzelt müde aus einem Auge. »Aber ich kann nicht schlafen«, sagt Kosmo leise. »Warum denn nicht?«, fragt Klax und gähnt.

»Ich bin so schrecklich aufgeregt. Ich habe das Gefühl, dass heute Nacht etwas ganz Besonderes passieren wird.« Klax sieht ihn gespannt an: »Was denn?« »Weiß auch nicht genau.« Kosmo steht auf und schaut in den Himmel. »Ich hab´s«, ruft er dann und strahlt, »es riecht nach Schnee.« Klax atmet tief ein. »Ich rieche nichts.«

Eine Weile sitzen sie nebeneinander und schnuppern angestrengt. Dann ruft Kosmo ausgelassen: »Du Klax, wollen wir heute Nacht wach bleiben und auf die allererste Schneeflocke warten?« »Oh ja«, piepst Klax und ist nun auch ganz aufgeregt. Sie nehmen ihre Decken unter den Arm und setzen sich eingemummelt auf eine Schaukel neben dem Sandkasten. Gespannt blicken sie in den Himmel und warten darauf, dass etwas passiert. Aber man hört nur den Wind, der über den Spielplatz fegt. Klax wird ungeduldig. Ihm ist kalt und er sehnt sich nach seinem warmen Bett. Da wird es mit einmal ganz still, selbst der Wind scheint für einen Moment die Luft anzuhalten. »Es ist soweit«, flüstert Kosmo und streckt seine Hand aus. Und wirklich: Ganz langsam segelt eine kleine Schneeflocke vom Himmel herab direkt in seine Hand. Selig schaut er zu Klax: »Ich habe sie gefangen, die allererste Schneeflocke.« Klax entdeckt eine Schneeflocke auf seinem Kugelbauch. »Guck mal«, ruft er begeistert. Immer mehr Schneeflocken rieseln leise vom Himmel.

»Jetzt kommt der Winter«, sagt Kosmo andächtig und nimmt Klax an die Hand. »Morgen früh wird alles ganz weiß sein.« Glücklich nehmen sie ihre Decken und klettern zurück in ihr warmes Bett. »Ganz weiß…«, murmelt Klax und schläft ein.

IM WINTER

21

22

23

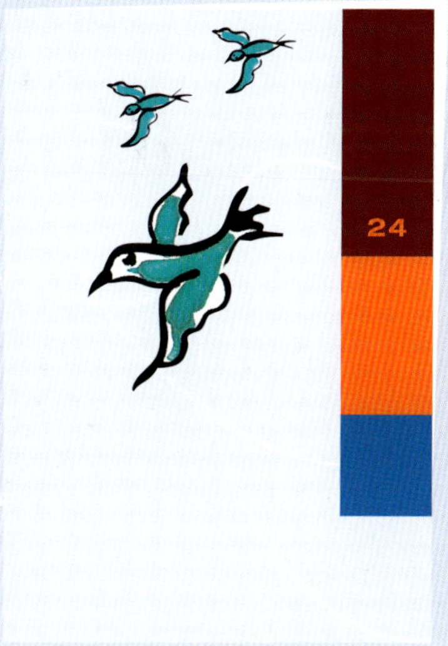
24

17 DER SPRECHENDE SCHNEEMANN

Kosmo schaut aus dem Fenster. »Klax«, ruft er aufgeregt und zerrt an dessen Decke, »guck doch mal, wie schön weiß alles ist.« Ungläubig reibt sich Klax die Augen: Der ganze Spielplatz ist mit einer weißen Schneeschicht bedeckt. »Komm«, sagt Kosmo, »wir gehen Schlitten fahren.« Er bindet sich seinen rosa Lieblingsschal um und Klax setzt seine dicke Wollmütze auf. »Du Kosmo«, fällt Klax ein, »wir haben gar keinen Schlitten.« Kosmo sieht sich nachdenklich auf dem Spielplatz um. In den Ästen eines Baumes hat sich eine gelbe Tüte verfangen. »Das ist unser Schlitten«, ruft Kosmo begeistert und holt die Tüte vom Ast.

Voller Vorfreude wandern die beiden zu dem großen Hügel jenseits des Baches. Oben angekommen, setzen sie sich hintereinander auf ihre Schlittentüte und sausen mit Schwung hinunter. Sie lachen und quietschen vor Vergnügen. »Noch mal, noch mal«, ruft Klax und mit jedem weiteren Mal werden sie übermütiger. »Komm«, ruft Kosmo und rennt zur anderen Seite des Hügels, »hier ist es noch steiler.« In einem Affenzahn jagen sie auch diesen Abhang hinunter. »Hilfe«, schreien beide noch und rasen mit voller Wucht in einen riesigen Schneemann. Mühsam rappeln sie sich wieder auf. Da hören sie eine gepresste Stimme: »Na, na, was sind denn das für Manieren?« Erschrocken sehen sich Kosmo und Klax an. Ein sprechender Schneemann? Wo gibt es denn so was? »Hat es euch etwa die Sprache verschlagen?« »Äh, nein, ja, doch«, stottern Kosmo und Klax gleichzeitig, »wir wussten nicht, dass Schneemänner sprechen können.«

»Und ob. Mir tut alles weh von eurem Aufprall.« »Oh je, das wollten wir nicht«, sagt Klax kleinlaut. »Wie können wir das denn wieder gut machen?« Der Schneemann kichert: »Ihr könntet mir euren Schal und eure Mütze leihen, mir ist so schrecklich kalt.« »Natürlich«, rufen beide sofort. Der Schneemann kichert schon wieder und es klingt, als ob er sich nur mühsam das Lachen verkneifen kann. Irgendetwas stimmt hier nicht. Vorsichtig gehen Kosmo und Klax um den Schneemann herum und entdecken Herrn Mümmelmann, Lili Graumaus und die vornehme Frau Gans, die sich vor Lachen die Bäuche halten. »Ich bin ein sprechender Schneemann«, prustet Herr Mümmelmann und knufft die beiden in die Seite.

18 WEIHNACHTEN MIT KNABBA

Rate mal, was das ist?«, ruft Kosmo aufgeregt und hält Klax einen Brief unter die Nase: »Mein Cousin Knabba, der Siebenschläfer, kommt uns Weihnachten besuchen.« »Juchu«, ruft Klax und rollt freudig im Baumhaus umher, »wir feiern ein richtiges Weihnachtsfest.«

Die nächsten Tage sind Kosmo und Klax voll und ganz mit den Vorbereitungen für das Fest beschäftigt. Sie backen Kosmos Lieblingsplätzchen: Riesige Nussecken, die so köstlich schmecken, dass sie immer wieder neue backen müssen. Im Wald finden sie eine kleine Tanne, die ihnen Bibo der Biber abnagt. Sie stellen die Tanne vor ihr Baumhaus und die vornehme Frau Gans verwandelt sie mit Lametta und bunt glitzernden Christbaumkugeln in einen festlichen Weihnachtsbaum. So viel Spaß haben alle mit den Vorbereitungen, dass sie beinahe den Besuch vergessen hätten. Da klopft es. Ein kleiner Siebenschläfer steht vor der Tür. »Bonsoir. Frohes Fest. Mesdames et Messieurs!« »Knabba«, ruft Kosmo und die beiden fallen sich vor Freude um den Hals. Dann singen sie alle zur Begrüßung: »Oh Du fröhliche…«. Knabba ist tief gerührt. »Schön habt ihr es hier«, strahlt er und sieht sich neugierig im Baumhaus um. »Wir haben schon alles vorbereitet, nur die Bratäpfel fehlen noch«, erklärt Klax stolz. »Lecker«, schmatzt Knabba und knabbert an einer Nussecke. Während Kosmo und Klax die Äpfel füllen, trällert Frau Gans Weihnachtslieder. Lili Graumaus pfeift die zweite Stimme dazu und Herr Mümmelmann trommelt mit seinen Ohren den Rhythmus. »So«, sagt Kosmo und schiebt die Äpfel in den Ofen, »jetzt müssen sie nur noch braun werden, dann können wir mit der Bescherung beginnen.« Ausgelassen tanzen alle im Baumhaus herum. Aber als die Äpfel braun gebacken sind, sind alle schon schrecklich müde. »Wollen wir vorher noch ein Nickerchen machen?«, fragt Kosmo und gähnt. »Oh ja«, murmeln alle und kuscheln sich in dem großen Bett aneinander. Nach einer Weile schlafen sie tief und fest und träumen von köstlichen Bratäpfeln, riesigen Nussecken und glitzernden Lamettaschlangen.

Als sie aufwachen, ist es schon hell draußen. Kosmo sieht sich verschlafen um: »Oh je, wir haben die Bescherung verschlafen.« »Wieso denn? Bei uns zu Hause machen wir die Bescherung immer erst am Morgen nach dem Weihnachtsabend«, sagt Knabba. Erleichtert holen alle ihre Geschenke hervor. Es wird munter ausgepackt, begutachtet und gelacht. Kosmo hat Klax eine Krone aus Nüssen gebastelt und Klax hat für seinen Freund einen Nasenwärmer gestrickt.

19 EIN HELD MIT KALIBER

Frau Eule ist heute schon früh am Abend unterwegs. »Ein Neues Jahr beginnt«, ruft sie Kosmo und Klax im Vorbeifliegen zu. »Wann denn genau?«, will Kosmo wissen. »Heute Nacht«, trällert Frau Eule gut gelaunt und fliegt davon. »Oh je, da schlafen wir doch schon. Wie sollen wir das denn mitkriegen?«, murmelt Klax. Ratlos gehen die beiden in ihr Baumhaus. »Guck mal Kosmo, Frau Gans hat ihren Hut vergessen«, ruft Klax. »Den wird sie bestimmt vermissen.«

Eilig machen sie sich auf die Suche nach Frau Gans. Als sie am Fluss vorbeikommen, hören sie schon von weitem lautes Geschnatter. Frau Gans thront mitten auf einem Biberbau. »Was ist das denn?«, ruft sie erschrocken, als sie ihren riesigen Hut durch die Nacht wandern sieht. »Wir sind's«, rufen Kosmo und Klax und springen unter dem Hut hervor. »Das ist aber eine Überraschung!«, lacht Frau Gans. Hinter ihrem Rücken erscheint ein Biber mit zwei langen Nagezähnen, die ihm lustig aus dem Mund herausstehen. »Guten Abend, ich bin Bibo der Biber, ein Held mit Kaliber.« »Äh«, stottert Kosmo, »wir sind K..K.. K...Kosmo und Klax.« »Freunde, nur immer herein in den lustigen Verein.« Frau Gans kichert. Bibo verschwindet in seinem Bau und kommt mit vier Tellern heißer Suppe zurück. »Guten Nager!«, brummelt er und schlürft lautstark die Suppe in sich hinein. Den ganzen Abend erzählt Bibo lustige Geschichten und Witze.

Irgendwann sind Kosmo und Klax so müde, dass sie einschlafen. Um Mitternacht fängt es an zu donnern und zu blitzen. »Was ist das?«, fragt Klax ängstlich. »Ein Gewitter?« »Aber es regnet gar nicht«, stutzt Kosmo. Als sie nach oben schauen, trauen sie ihren Augen nicht. Unzählige bunte Leuchtraketen erhellen die Nacht. Es zischt und pfeift aus allen Himmelsrichtungen. »Frohes Neues Jahr...«, beginnt Bibo feierlich und Frau Gans säuselt: »...das Leben ist so wunderbar.« Leise flüstert Klax: »Abendstund ist kunterbunt.« Und Kosmo ergänzt: »Und Klax ist kugelrund.« Bibo sieht Kosmo an und lacht laut: »Du bist mir vielleicht einer, so wie du ist keiner!« Überschwänglich drückt er seine neuen Freunde an sich.

20 WÜNSCH DIR WAS

Die Sonne ist schon schlafen gegangen. Kosmo und Klax sitzen in ihrem Baumhaus und spielen Karten. »Ich mag den Winter eigentlich gerne«, nölt Klax, »aber dass es immer so früh dunkel werden muss, finde ich doof.« »Stimmt«, sagt Kosmo, »voll langweilig. Und nach draußen kann man auch nicht mehr.« »Wieso eigentlich nicht?«, fragt Klax. »Wir könnten doch eine Nachtwanderung machen.« Kosmo ist begeistert. Er holt ein großes Blatt Papier und schreibt darauf mit seinem Schwanz: »Heute Nachtwanderung mit Kosmo und Klax. Treffpunkt: Alter Spielplatz«. Sie hängen den Zettel an einen Baum im Wald.

»Was ist denn das?«, fragt Frau Eule, die gerade vorbeifliegt. »Wir machen heute eine Nachtwanderung«, rufen Kosmo und Klax. »Kannst Du noch anderen Tieren davon erzählen?« »Prima Idee, das mache ich gerne«, ruft Frau Eule und schwebt davon. Endlich ist es soweit. Auf dem Spielplatz tummeln sich zahlreiche Tiere, darunter auch alle Freunde von Kosmo und Klax. »So viele sind gekommen, das ist ja toll«, ruft Klax begeistert.

Kosmo zeigt zum Himmel hinauf: »Und es ist auch gar nicht mehr so dunkel.« Ein riesiger Vollmond leuchtet in der dunklen Nacht und um ihn herum glitzern tausende und abertausende Sterne. »Lasst uns zur großen Wiese wandern«, schlägt Frau Eule vor, »dort leuchten die Sterne besonders hell.« Alle sind begeistert von der Idee und sie traben, rollen, kriechen, hüpfen oder fliegen bis zur Wiese, wo sie sich erschöpft niederlassen. Andächtig schauen alle in den Sternenhimmel und fühlen sich ganz klein. Eine Sternschnuppe erhellt die Nacht. »Schau mal, Kosmo«, ruft Klax aufgeregt, »da war eben ein kleiner Blitz.« »Das nennt man Sternschnuppe«, korrigiert ihn Frau Eule. »Was ist denn eine Sternschnuppe?« »Ein Stern, der nur für dich vom Himmel fällt«, sagt sie augenzwinkernd. »Jetzt darfst du dir etwas wünschen.« Klax schließt die Augen und wünscht sich zurück in sein warmes Bett.

21 DAS STACHELIGE ETWAS

Kosmo und Klax machen mit Herrn Mümmelmann und Lili Graumaus eine Schneeballschlacht. »Achtung«, ruft Herr Mümmelmann und wirft einen Schneeball in Kosmos Richtung. Er bleibt an Kosmos spitzer Nase hängen. »Hihihi«, kichert Klax, »du siehst vielleicht komisch aus.« Da fliegt ein riesiger Schneeball auf ihn zu und landet mitten in seinem Gesicht. »Na warte«, ruft er und greift mit den Händen in einen Schneehaufen, um einen besonders großen Schneeball zu formen. »Aua«, schreit er plötzlich und hält sich die kleine Hand. Schnell kommen die Anderen ihm zu Hilfe. »Was hast du?«, fragt Kosmo besorgt. »Irgendetwas hat mich ganz schrecklich gepiekst.« Tränen kullern über seinen dicken Bauch. »Keine Sorge, den Übeltäter finden wir«, ruft Kosmo und beginnt den Schneehaufen vorsichtig umzugraben. Ein kleiner stacheliger Ball kommt zum Vorschein.

Forsch drückt Herr Mümmelmann seine Nase an den Stachelball. »Aua, aua, das piekst ja fürchterlich«, schreit er und hält sich die schmerzende Nase. »Sieht aus wie ein Ball«, meint Klax und begutachtet den Stachelball fachmännisch. »Wollen wir ihn mit nach Hause nehmen?« »Aber wie denn?«, fragt Kosmo. »Also ich rühr das Ding nicht mehr an«, jammert Herr Mümmelmann. »Ich hab eine Idee«, ruft Lili Graumaus. »Wir rollen den Stachelball in Schnee ein.« Alle sind begeistert. Gesagt, getan.

Aus dem Stachelball wird ein großer Schneeball, den sie vor sich herrollen. Im Baumhaus angekommen, legen sie den Schneeball behutsam auf den Boden und beobachten, wie er durch die Wärme des Ofens langsam auftaut. Klax stupst den Stachelball vorsichtig an. Stachel für Stachel rollt er sich auseinander. Zwei große schwarze Augen blinzeln ängstlich in die Runde. »Ich bin`s«, piepst der Stachelball und blickt hilflos ins Tageslicht. »Der Igel«, rufen alle überrascht. »Oh je«, entschuldigt sich Lili Graumaus, »haben wir dich etwa geweckt?« »Jaha«, gähnt der kleine Igel und reibt sich die Augen, »ich habe gerade so schön geträumt.« »Das tut uns leid«, murmelt Klax. »Wenn du willst, kannst du bei uns weiterschlafen.« »Mir ist es hier drinnen aber viel zu heiß.« »Wie wäre es denn auf dem Balkon?«, schlägt Kosmo vor. Der kleine Igel strahlt. Zufrieden kugelt er sich auf dem Balkon in eine Ecke und schläft sofort wieder ein. »Gute Nacht, kleiner Stachelball.«

22 PISTEN GAUDI

Kosmo und Klax liegen noch im Bett, als es heftig an die Tür ihres Baumhauses klopft. Erstaunt sehen sie sich an. Frau Gans stürmt herein und schnattert los: »Habt ihr schon das Neueste gehört? Heute findet ein Skirennen statt.« Schlagartig sind beide hellwach und reden aufgeregt durcheinander. »Toll«, »Juchu«, »Super«, »Endlich mal was anderes als Schlittenfahren.« »Aber wir haben gar keine Skier«, fällt Kosmo ein. »Das macht nichts«, beruhigt sie Frau Gans und lächelt: »Ich kenne jemanden, der euch helfen kann.« Sie führt Kosmo und Klax zu Bibo, der sie überschwänglich begrüßt. »Freunde am Morgen, habt ihr irgendwelche Sorgen? Dann fragt Bibo den Biber, den Held mit Kaliber.«

Kosmo und Klax berichten von ihren Schwierigkeiten. Bibo nickt verständnisvoll und verschwindet in seinem Bau. Kurz darauf hören sie ein lautes Nagen und Sägen. Nach ein paar Minuten erscheint Bibo mit zwei Paar erstklassigen Skiern in der Tür und strahlt: »Gut geknabbert und geschnitzt, bei Bibo läuft es wie geritzt.« Mit staunenden Augen schauen die beiden ihn an und sind sprachlos vor Freude. »Na, wie sag ich immer?« »Nicht verzagen, Bibo fragen«, rufen Kosmo und Klax im Chor. Stolz küsst Frau Gans Bibo auf die Wange. Dieser lächelt verlegen. Einige Zeit später stehen die Rennläufer am Abhang. Frau Eule erklärt die Regeln: »Der große Baum da unten ist das Ziel.« Sie gibt das Startzeichen und die Skifahrer setzen sich in Bewegung. Elegant wedelt die vornehme Frau Gans auf ihren Watschelfüßen den Abhang hinunter und wirft Bibo Luftküsse zu. Kosmo fährt große Bögen und sein dicker Schwanz zeichnet phantastische Bilder in den Schnee.

Plötzlich hört man Herrn Mümmelmann schreien: »Hilfe, ich hebe ab.« Seine langen Ohren sind zu kleinen Propellern geworden. Er fliegt zuerst geradewegs auf das Ziel zu, aber dann bleibt er in den Ästen des Baumes hängen. Lili Graumaus rast als Erste durchs Ziel. »Gewonnen, gewonnen«, piepst sie und springt vor Freude in die Luft. Aber wo ist eigentlich Klax? Der nimmt jeden Buckel mit und macht einen Salto nach dem anderen. »Juchu und schwups«, ruft er begeistert und fliegt mit einem doppelten Looping durchs Ziel. Bei der Siegerehrung bekommt jeder einen Preis: Die vornehme Frau Gans erhält die Medaille für die eleganteste Abfahrt, Herr Mümmelmann für den ungewöhnlichsten Zieleinlauf, Lili Graumaus für die schnellste Abfahrt, Kosmo für die schönsten Schneebilder und Klax für die wildesten Sprünge.

ZIEL

23 ER LEBE HOCH!

Frau Eule fliegt am Fenster des Baumhauses von Kosmo und Klax vorbei. Im Schnabel trägt sie einen Brief. »Kosmo, Klax! Ein Brief für euch!« Neugierig steckt Klax seinen Kopf aus dem Fenster. »Von wem ist der?« »Das müsst ihr schon selbst herausfinden«, ruft Frau Eule lächelnd und lässt den Brief fallen. »Macht`s gut ihr beiden!« Schnell reißen Kosmo und Klax den Briefumschlag auf. Darin finden sie ein Bild von Kosmos Cousin Knabba in einem Indianerkostüm. »Juchu«, rufen beide, »eine Einladung zum Karnevalsfest.«

»Guck mal, was hier noch steht«, ruft Kosmo und zeigt auf die Rückseite des Briefes: »Knabba hat uns ein Taxi bestellt.« »Prima«, ruft Klax, »ein richtiges Taxi.« Voller Vorfreude packen sie ihre Koffer. Als sie gerade fertig sind, kommt ein Pferd mit einer dicken Brille auf den Nüstern angetrabt. »Sieht aus wie Lissy«, flüstert Kosmo Klax ins Ohr. »Eine Fahrt nach Knabbstadt«, wiehert das Pferd, »bin ich da richtig?« »Lissy«, rufen Kosmo und Klax, »das ist aber eine Überraschung!« Lissy rückt ihre Brille zurecht, kneift ein Auge zu, dann endlich erkennt sie Kosmo und Klax. Freudig hebt sie den Kopf und wiehert. Die beiden Freunde steigen auf Lissys Rücken. Als sie in Knabbstadt ankommen, ist es bereits Mittag und der Karnevalszug in vollem Gang. Staunend betrachten sie die bunten und ausgefallenen Kostüme. Vier Regenwürmer haben sich zu einer riesigen Schlange aneinandergebunden, das Reh hat sich Stierhörner gebastelt und die Amsel hat sich als Papagei verkleidet. Aber wo ist Knabba? Sie können ihn nirgendwo entdecken. Der Karnevalszug endet unter lautem Gejohle auf einem großen Platz.

»Und was passiert jetzt?«, fragt Klax den Fuchs, der sich als Gans verkleidet hat. »Wir küren den diesjährigen Karnevalsprinzen!« Plötzlich ruft jemand neben Klax: »Hier! Ich habe ihn gefunden, unseren Prinzen. Seht doch nur, er hat sogar schon die Krone auf.« Alle blicken zu Klax, der unter seinem Froschkostüm puterrot wird. Ein Tuscheln und Raunen geht durch die Menge, dann heben sie ihn in die Höhe und jubeln: »Hoch soll er leben, unser Karnevalsprinz!« Ausgelassen fassen sich alle an den Händen und singen lustige Lieder. »Bonsoir monsieur! Bist du ein echter verzauberter Froschkönig?«, fragt ein dicker Maikäfer, der Kosmo und Klax schon die ganze Zeit beobachtet hat. »Ich weiß es nicht so genau «, haucht Klax verlegen. »Wenn ich dich küsse, wirst du dann zum Prinzen?« Ohne die Antwort abzuwarten, drückt er Klax einen dicken Kuss auf die Wange. Der schaut irritiert zu Kosmo. Wer wohl unter dem Maikäferkostüm steckt?

24 DAS LIED VOM FRÜHLING

Die Sonne scheint in das Baumhaus von Kosmo und Klax. Langsam öffnet Klax die Augen und sieht sich um. Er atmet tief ein und richtet sich auf. Angestrengt schnuppert er in die Luft. »Du Kosmo«, ruft er aufgeregt und stupst ihn in die Seite, »riechst du das auch?« »Was denn?«, murmelt Kosmo im Halbschlaf. »Es riecht anders als sonst. Ich weiß auch nicht. Aber irgendwie anders.« Kosmo sieht ihn fragend an. »Ich hab´s«, ruft Klax nach einer Weile, »es riecht nach Frühling.« Kosmo hält seine spitze Nase in die Luft. »Du hast Recht«, ruft er begeistert, »die Luft ist auch viel wärmer als sonst.« Ausgelassen hüpfen sie aus ihrem Bett und hinaus ins Freie. Der Schnee ist über Nacht fast weggetaut, nur noch vereinzelt liegen kleine Schneehaufen auf der Wiese. Kosmo und Klax rennen über den Spielplatz und schauen nach, ob noch alles genauso aussieht wie im letzten Jahr. Da hören sie aus der Ferne eine Melodie, die von der großen Wiese durch den Wald herüber schallt. Neugierig rennen sie dem Gesang entgegen. Etliche Tiere scharen sich um den großen Baum in der Mitte der Wiese. Hoch oben in der Baumkrone sitzt ein Kuckuck, der in den schönsten Tönen trällert. »Was singt der Kuckuck?«, fragt Klax leise Frau Eule, die sich zwischen die beiden gesetzt hat. »Er ruft den Frühling herbei«, flüstert Frau Eule und beginnt ebenfalls leise zu singen. Immer mehr Tiere stimmen ein. Gemeinsam singen sie das Lied vom Frühling:

»Frühling, Frühling, komm geschwind,
mit dir freuen sich Tier und Kind.
Lass die Blumen bunt erblühen,
mach die Wälder wieder grün.

Frühling, Frühling, komm herbei,
mach uns fröhlich, frech und frei.
Lass uns tanzen, singen, lachen
und verrückte Sachen machen!«

25
26
27
28

IM FRÜHLING

BUMMELBIENES GEHEIMNIS

Kosmo und Klax sind heute mit den ersten Sonnenstrahlen aufgewacht. Als sie aus dem Fenster sehen, herrscht auf der Wiese bereits ein eifriges Treiben. Viele Tiere sind aus dem Winterschlaf erwacht und die ersten Blumen recken ihre Köpfe gierig der Sonne entgegen. »Juchu«, ruft Klax, »endlich Frühling!« Er fasst Kosmo an den Händen und tanzt mit ihm durch das Baumhaus. »Jetzt machen wir Frühjahrsputz«, ruft Kosmo übermütig und beginnt voller Elan mit seinem Schwanz den Boden zu fegen. Klax rollt ausgelassen hinter ihm her.

Da steckt ein kleiner Igel seinen Kopf durch die Balkontür: »Guten Morgen!«, piepst er und streckt sich ausgiebig. »Hast du gut geschlafen?«, fragt Klax. »Ja, ganz wunderbar. Vielen Dank!«, murmelt der kleine Igel. Er packt seine sieben Sachen und verabschiedet sich. »Komm doch im nächsten Jahr wieder!«, rufen Kosmo und Klax ihm hinterher. »Oh ja, gerne«, freut sich der kleine Igel und winkt ein letztes Mal. Plötzlich hören Kosmo und Klax ein lautes Summen. Aha! Bummelbiene ist auch schon unterwegs. In Pirouetten schwirrt sie durch die Luft und begrüßt freudig alle Blumen. »Kommt doch runter«, ruft sie Kosmo und Klax zu. Flink klettern die beiden den Baum hinunter. »So viele schöne Blumen«, staunt Kosmo und schnuppert an jeder Blüte. »Kennt ihr die schönste Sommerblume der Welt?«, fragt Bummelbiene.

Kosmo und Klax schütteln die Köpfe. Geheimnisvoll drückt Bummelbiene ihnen etwas Kleines, Rundes in die Hand: »Pflanzt dieses Samenkorn bei Sonnenuntergang. Wenn die erste Knospe sich öffnet, beginnt der Sommer.« Ehrfürchtig nimmt Kosmo den kostbaren Samen entgegen. Den ganzen Tag über warten Kosmo und Klax ungeduldig auf den Sonnenuntergang. Als es endlich zu dämmern beginnt, gräbt Kosmo hinter dem Baumhaus ein kleines Loch und steckt das Samenkorn behutsam in die Erde. »Jetzt müssen wir nur noch warten, bis die Blume blüht«, flüstert Klax andächtig. »Und dann ist Sommer«, ergänzt Kosmo.

26 EIN GANZ BESONDERES OSTEREI

Wo bleibt denn nur Herr Mümmelmann?«, fragt Kosmo ungeduldig, »sonst kommt er doch nie zu spät.« »Ich weiß auch nicht. Er ist schon seit Tagen so zerstreut«, meint Frau Gans. Und Lili Graumaus schlägt vor: »Lasst uns doch zu ihm gehen.« Als die Freunde Herrn Mümmelmanns Bau betreten, herrscht dort wildes Chaos. Überall liegen Eier und Töpfe herum, Farbkleckse bedecken den Boden. Dazwischen hoppelt Herr Mümmelmann aufgeregt hin und her und murmelt ununterbrochen: »Oh je, oh je, ich schaff das nicht.«

»Was schaffst du nicht?«, fragt Klax und setzt sich aus Versehen auf ein großes Ei. »Nicht da drauf setzen!«, schreit Herr Mümmelmann entsetzt. Zu spät! Mit einem Knacken zerbricht das Ei in tausend kleine Einzelteile. Mit offenem Mund starrt Herr Mümmelmann auf das kaputte Ei und eine Träne rinnt entlang seiner Barthaare. »War das ein besonderes Ei?«, fragt Kosmo nach einer Weile leise. Herr Mümmelmann sieht ihn aus verweinten Augen an und schluchzt: »Ja! Seit Tagen male ich an diesem Ei. Es war mein Meisterstück für die Osterhasenprüfung. So ein großes Ei bekomme ich nie wieder.« »Ich schäme mich so«, murmelt Klax kleinlaut und schlägt die Hände vors Gesicht. »Wie kann ich das nur wieder gutmachen?« Herr Mümmelmann wackelt nachdenklich mit den Ohren und auch die anderen überlegen angestrengt. Da hat Frau Gans eine Idee: »Wie wäre es mit Klax?« »Du meinst Klax als Osterei?«, lacht Kosmo, »so etwas Lustiges hab ich schon lange nicht mehr gehört.« Bei der Vorstellung muss sogar Herr Mümmelmann lachen. Doch dann verstummen alle und schauen auf Klax. »Eigentlich eine tolle Idee«, überlegt Lili Graumaus und die anderen nicken zustimmend.

Flink machen sie sich an die Arbeit und im Nu verwandeln sie Klax in ein bunt bemaltes Osterei. Zum Schluss puschelt Herr Mümmelmann mit seinem Schwanz noch lustige Punkte auf Klax' Bauch. Stolz betrachten sie ihr gemeinsames Werk, da klopft es an der Tür. »Achtung, das ist mein Osterhasenlehrer«, zischt Herr Mümmelmann. Ein älterer Hase mit grauen Barthaaren stolziert herein. »So, mein lieber Herr Mümmelmann, wo ist denn dein Meisterstück?« Mit zitternden Händen deutet Herr Mümmelmann auf Klax, der bewegungslos als »Ei« auf dem Tisch thront. Der Osterhasenlehrer nähert sich dem bemalten Klax. Skeptisch rückt er seine Brille zurecht und mustert das »Osterei« eingehend. Klax hält die Luft an. Schließlich seufzt der Osterhasenlehrer: »Das ist das schönste Osterei, das ich seit langem gesehen habe. Herzlichen Glückwunsch, Herr Mümmelmann. Du hast die Prüfung mit Bravour bestanden. Jetzt bist du ein richtiger Osterhase!« Herr Mümmelmann strahlt übers ganze Gesicht. In diesem Moment muss Klax laut niesen: »Hatschi!« Erstaunt blickt sich der Osterhasenlehrer um: »Was war denn das?« »Mein Heuschnupfen geht wieder los«, schwindelt Frau Gans und schnäuzt sich demonstrativ die Nase.
Puh, Glück gehabt!

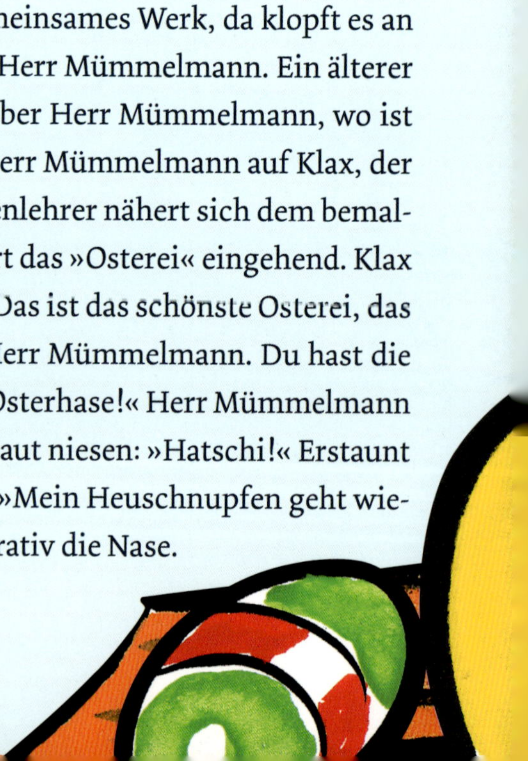

27 WO BIST DU?

Kosmo und Klax spielen mit ihren Freunden Verstecken. »Du bist dran mit Suchen«, ruft Herr Mümmelmann und tippt Frau Gans auf die Schulter. »Immer ich«, beschwert sich diese empört. »Bitte nicht streiten«, piepst Klax. Da hat Lili Graumaus eine tolle Idee: »Lasst uns doch abzählen.«

»Eins, Zwei, Drei, du dickes Ei.
Vier, Fünf, Sechs, du bist dabei.
Sieben, Acht, Neun, du kannst dich freuen.
Zum Schluss die Zehn und du musst gehen!«,

ruft sie und zeigt auf Klax: »Du bist dran.« Klax stellt sich an einen Baum und beginnt von zehn rückwärts zu zählen. »...drei, zwei, eins, ich komme.« Er öffnet die Augen und sieht sich suchend um. Niemand ist zu sehen. Oder doch? Sind das nicht die Watschelfüße von Frau Gans hinter der Hecke? Und lugen da nicht die langen Ohren von Herrn Mümmelmann hinter der Wippe hervor? Auch Lili Graumaus oben auf der Rutsche ist schnell gefunden. Sie verrät sich durch ein lautes Niesen. Nur Kosmo ist nirgendwo zu finden. Gemeinsam suchen die Freunde den ganzen Spielplatz ab. Nichts. »Kosmo, wo bist du?«, rufen alle im Chor. »Psst«, flüstert Klax, »ich glaube, da ruft jemand.« »Hier bin ich, hier unten«, hören sie eine schwache Stimme. Lili Graumaus entdeckt Kosmo schließlich in einem Erdloch. »Was machst du da drin?«

»Ich komme nicht mehr raus«, schluchzt Kosmo und schämt sich. »Das verstehe ich nicht. Du bist doch auch rein gekommen«, wundert sich Lili Graumaus und schüttelt den Kopf. »Ja, aber«, sagt Kosmo leise, »ich habe hier unten zu viele Nüsse gegessen.« »Aha, und jetzt passt du nicht mehr durch das Loch«, stellt Lili Graumaus fest. »Nein. Mein Bauch ist zu dick«, murmelt Kosmo kleinlaut. Die vornehme Frau Gans schmunzelt: »Dann musst du wohl da drin bleiben.« Alle fangen an zu lachen. Aber natürlich helfen sie ihm doch. Mit aller Kraft ziehen sie an Kosmos Schwanz. »Eins, zwei, drei und noch einmal...« Ruckartig schießt Kosmo aus dem Loch und alle purzeln durcheinander. »Du bist der König im Verstecken«, ruft Klax und drückt ihm einen Kuss auf die Wange. »Und deshalb musst du als nächstes suchen«, grinst Frau Gans. Alle lachen über Kosmos verdutztes Gesicht.

28 SPIELVERDERBER

Klax hat einen Eimer, eine Schaufel und ein kleines Sternförmchen auf dem Spielplatz gefunden. Stolz spielt er mit seinen neuen Spielsachen im Sand. »Darf ich mitspielen?«, fragt Kosmo und greift nach der Schaufel. »Nein«, sagt Klax bestimmt und umklammert die Schaufel mit beiden Händen, »das ist meine Schaufel. Die hab ich gefunden.« »Du bist voll gemein und doof«, sagt Kosmo enttäuscht und wendet sich beleidigt von ihm ab. »Selber doof«, murmelt Klax trotzig.

Da tauchen Herr Mümmelmann, Lili Graumaus und die vornehme Frau Gans auf. »Was wird das denn Tolles?«, staunt Frau Gans und deutet auf den kleinen Sandberg vor Klax. »Ich baue eine Sandburg«, erklärt Klax stolz. »Dürfen wir auch mitspielen?«, fragt Herr Mümmelmann und greift nach der Schaufel. »Nein«, ruft Klax und klammert sich erneut an seiner Schaufel fest, »das ist meine Schaufel. Die hab ich gefunden.« »Phh«, ruft Frau Gans schnippisch und gibt den Anderen ein Zeichen, »wir wollen gar nicht mit dir spielen.« »Genau«, ruft Herr Mümmelmann, »Sandburgen bauen ist was für Babys«. Verärgert wenden sich die Drei von dem Spielverderber ab. Sie rennen hinüber zu Kosmo und wippen auf der großen Wippe paarweise um die Wette. Bald haben sie Klax und seine »doofe« Schaufel vergessen. Neidisch beobachtet Klax seine Freunde, die viel Spaß zusammen haben. Er gibt sich einen Ruck und schleicht sich an die Vier heran. »Darf ich mitspielen«, fragt er kleinlaut. »Nein«, ruft Kosmo, »jetzt wollen wir nicht mehr mit dir spielen.«

Lachend springen die Vier von der Wippe und rennen zur Schaukel. Klax sieht ihnen traurig hinterher. Dann rollt er zu seinen Spielsachen zurück und schippt mit seiner Schaufel im Sand herum. Aber es macht gar keinen Spaß mehr. Sehnsüchtig blickt er zu seinen Freunden, die auf der Schaukel herumalbern und lauthals lachen. Nach einer Weile fasst er sich ein Herz und ruft über den ganzen Spielplatz hinweg: »Ihr dürft jetzt auch mit meiner Schaufel spielen, wenn ihr wollt.« Kosmo, Herr Mümmelmann, Lili Graumaus und Frau Gans verstummen schlagartig und sehen zu Klax herüber. Dann gehen sie langsam auf ihn zu. »Es tut mir leid«, murmelt Klax, als die Freunde vor ihm stehen, »aber ich...« »Ach schon vergessen«, sagt Frau Gans und nimmt ihm die Schaufel aus der Hand. Lili Graumaus und Herr Mümmelmann schnappen sich den Eimer und Kosmo teilt sich mit Klax das Sternförmchen. Gemeinsam buddeln und formen sie eine riesige Sandburg. Die schönste Sandburg, die es je gegeben hat, finden alle.
Besonders Klax.

29 APRILSCHATZ

Lili Graumaus ist heute sichtlich gut gelaunt. Laut pfeifend kommt sie Kosmo und Klax entgegen. »Was ist denn mit dir los?«, rufen Kosmo und Klax. »Ich habe etwas Tolles gefunden«, juchzt Lili Graumaus vergnügt. »Was denn?«, fragen Kosmo und Klax neugierig. »Ihr dürft es niemandem erzählen«, flüstert Lili Graumaus geheimnisvoll und sieht sich verschwörerisch um. »Ich weiß, wo ein Schatz versteckt ist.« »Was? Wo?«, fragen Kosmo und Klax aufgeregt. »Geht zu dem großen Baum in der Mitte der Wiese. Dort macht ihr zehn Schritte nach rechts, zwei Purzelbäume und dann fünf Hopser nach links. An dieser Stelle liegt der Schatz vergraben.«

Ohne weiter nachzufragen, rennen Kosmo und Klax los. Als sie die große Wiese erreichen, ist Herr Mümmelmann auch schon da. »Was macht ihr denn hier?«, fragt er erschrocken und blickt sich nervös um. »Och«, lügen Kosmo und Klax, »wir wollen nur ein bisschen spielen. Und was machst du hier?« »Och«, flunkert Herr Mümmelmann, »ich mache meine morgendliche Gymnastik. Hüpf, hüpf, hüpf«, ruft er und hüpft demonstrativ im Kreis herum. Von weitem hören sie ein lautes Geschnatter. Die vornehme Frau Gans kommt mit Biber Bibo anmarschiert, der eine riesige Schaufel unterm Arm trägt. »Was macht ihr denn hier?«, rufen Kosmo und Klax erstaunt. Frau Gans lugt unter ihrem Hut hervor und antwortet leicht schnippisch: »Wir gehen spazieren, ist das verboten?« »Äh, nein«, antworten Kosmo und Klax irritiert. »Aber was wollt ihr mit der Schaufel?«, fragt Herr Mümmelmann. »Ein Loch zum Sonnen buddeln«, flunkert Frau Gans ohne mit der Wimper zu zucken. »Genau«, schmunzelt Bibo, »einen Sonnenplatz für meinen Schatz.« Verliebt schaut er zu Frau Gans und beginnt nach ihren Anweisungen in der Erde zu buddeln. Plötzlich stößt er auf ein kleines, braunes Kästchen.

»Ratzfatz, da hat er ihn, den Schatz«, jubelt Bibo begeistert. Neugierig schielen alle auf das »Schatzkästchen«. »Nun mach schon auf«, drängelt Frau Gans ungeduldig. Angespannt öffnet Bibo das Kästchen. Doch was ist das? Das Kästchen ist leer. Kein Schatz weit und breit. In diesem Moment sehen sie Lili Graumaus und einen Maulwurf, die sich kichernd aus der Grube buddeln. »April, April«, rufen beide und lachen so sehr, dass sie kaum noch Luft bekommen.

30 DER FLIEGENDE FREMDE

Kosmo und Klax sitzen auf dem Dach ihres Baumhauses, als sich plötzlich der Himmel verdunkelt. Ängstlich schauen sie empor und sehen einen riesigen Schwarm Vögel über sich hinweg fliegen. »So viele Vögel«, staunt Klax, »wo kommen die denn alle her?« Kosmo weiß es auch nicht. »Woher kommt ihr?«, ruft er den Vögeln so laut er kann zu. »Bisu schnawipfeldi kuseluckl«, schallt es durch die Luft. Kosmo sieht Klax ratlos an. »Hast du das verstanden?« »Nee, kein Wort. Aber schau doch nur, da kommt einer zu uns geflogen.« Ein großer, majestätischer Storch hat sich aus dem Schwarm gelöst und lässt sich bedächtig hinab gleiten.

Als er neben Kosmo und Klax auf dem Baumhaus landet, streifen seine Flügel ihre Köpfe. »Oh, esushnusi«, trällert er. »Wie bitte?«, fragen Kosmo und Klax und sehen ihn mit großen Augen an. »Entschuldigt, ich muss mich erst noch daran gewöhnen, wieder hier zu sein.« »Wieso? Woher kommst du denn?« »Von sehr weit her«, stöhnt der Storch und macht mit seinem Flügel eine ausladende Geste, so dass Klax fast vom Dach fällt. »Ich bin seit Wochen unterwegs. Ise punuckl ruhle?« »Waaaas? Wie bitte?«, rufen Kosmo und Klax verständnislos. »So spricht man dort, wo ich herkomme. Ich meinte natürlich: Darf ich mich hier kurz ausruhen?« »Klar«, rufen Kosmo und Klax. »Erzählst du uns dann von deiner Reise?« »Aber gerne«, sagt der Storch geschmeichelt und macht es sich bequem. »Ich bin über Wüsten und Meere geflogen, über Regenwälder und Steppen. Ich habe fremde Länder und Tiere gesehen.«

Gebannt hören Kosmo und Klax zu. »Jedes Jahr im Winter fliege ich tausende von Kilometern in den Süden. Ich kann euch sagen, das ist ganz schön anstrengend.« »Aber warum machst du es dann?«, fragt Klax. »Weil es mir hier im Winter zu kalt ist«, erklärt der Storch. »Und im Süden ist es warm?« »Heiß, sehr heiß«, gähnt der Storch und putzt müde seine Flügel. Dann richtet er sich auf und sagt: »Es war sehr schön bei euch, aber jetzt muss ich leider weiter.« »Wohin denn?«, fragen Kosmo und Klax. »Ich muss mir einen geeigneten Platz für mein Nest suchen.« Kosmo und Klax sehen sich an und haben die gleiche Idee: »Bau dir doch hier dein Nest.« Interessiert schaut sich der Storch auf dem Dach um. »Wieso eigentlich nicht?«, murmelt er erschöpft, steckt den Kopf zwischen seine Flügel und schläft auf der Stelle ein.

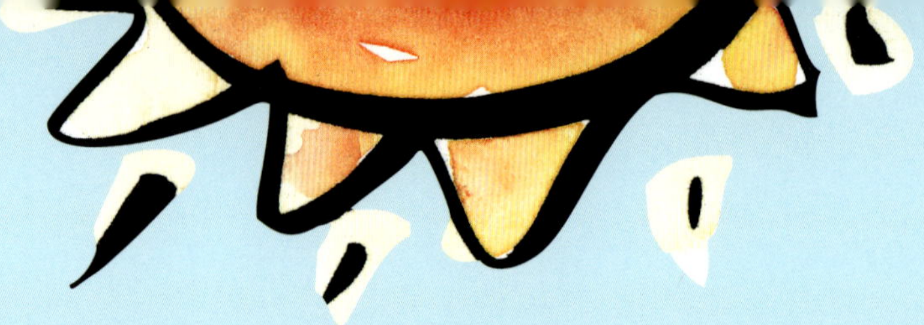

31 DAS SEIFENKISTENRENNEN

Kosmo und Klax spielen im Wald Fangen, als sie an einem Baum einen Zettel entdecken: »Teilnehmer zum Seifenkistenrennen können sich bei Frau Eule anmelden.« »Da mach ich mit«, tönt Kosmo. »Ich auch!«, schreit Klax. Sie sehen sich an. »Aber wir haben gar keine Seifenkiste«, bemerkt Kosmo. »Wollt ihr euch auch zum Seifenkistenrennen anmelden?«, fragt Lili Graumaus, die mit Herrn Mümmelmann im Schlepptau auftaucht. »Ja«, rufen Kosmo und Klax, »du auch?« »Ich? Um Gottes Willen. Ich bin doch nicht lebensmüde! Aber Herr Mümmelmann macht mit.« »Äh ja, ich weiß noch nicht genau«, nuschelt Herr Mümmelmann. »Ach was, natürlich machst du mit«, sagt Lili Graumaus bestimmt und klopft ihm aufmunternd auf die Schulter.

In den kommenden zwei Wochen basteln alle bei Rudi, dem Onkel von Lili Graumaus, in der Lagerhalle an ihren Seifenkisten. Eifrig versorgt Rudi die Handwerker mit Holz, Gummi, Filz und anderem Material. Am Tag des Rennens sind alle Teilnehmer furchtbar aufgeregt. »Seid ihr bereit?«, fragt Frau Eule mit der Trillerpfeife im Schnabel. »Ja, ja«, brüllen alle ungeduldig. »Also dann. Auf die Plätze, fertig...« Hoch konzentriert sausen Kosmo und Klax los. »Halt, Fehlstart. Noch einmal zurück«, ruft Frau Eule. Enttäuscht bremsen die beiden ab und begeben sich wieder in Position. Beim zweiten Versuch klappt der Start. Die Rennfahrer brausen los. Der Fahrtwind pfeift ihnen um die Ohren. Siegessicher steuern Kosmo und Klax Richtung Ziel. Nur die Seifenkiste von Rudi ist noch vor ihnen. »Achtung, Hindernis auf der Fahrbahn«, ruft Frau Gans warnend von der Zuschauertribüne.

Und tatsächlich: Der kleine Igel sitzt verschreckt auf der Rennpiste und starrt die Heranrasenden mit großen Augen an. Kosmo reißt das Steuer herum. Die Seifenkiste rast über eine hervorstehende Baumwurzel und bricht auseinander. In hohem Bogen fliegen Kosmo und Klax durch die Luft und – vorbei an Rudi – über die Ziellinie. Und wer hat jetzt gewonnen? Ratlos schauen sich alle an und beginnen zu diskutieren. Mit einem Machtwort beendet Frau Eule die Diskussion: »Gewonnen hat Rudi, aber Kosmo und Klax bekommen den Fairnesspokal.« »Beim nächsten Mal gewinnt ihr bestimmt«, sagt der kleine Igel und schüttelt Kosmo und Klax dankbar die Hand.

ZIEL

32 DIE SCHÖNSTE BLUME

Kosmo und Klax liegen faul in der Sonne. »Ist jetzt eigentlich schon Sommer?«, fragt Klax. Kosmo überlegt, dann fällt ihm etwas ein: »Die Blume!«, ruft er aufgeregt. »Welche Blume?«, fragt Klax neugierig. »Na, die Blume von der Bummelbiene, die ich für dich am Frühlingsanfang gepflanzt habe.« Klax erinnert sich wieder. »Wenn sie blüht, ist es Sommer, stimmt‘s?« »Ja«, strahlt Kosmo, »komm, lass uns nachsehen.«

Sie rasen zu der Stelle, wo sie die Blume gepflanzt haben. »Da ist sie«, ruft Kosmo und deutet auf eine wunderschöne rote Knospe. »Schade«, sagt Klax enttäuscht, »sie blüht ja noch gar nicht.« In diesem Moment beginnt die Knospe sich langsam zu öffnen. »Sie bewegt sich«, flüstert Kosmo und ergreift ehrfürchtig Klax‘ Hand. »Das ist die schönste Blume, die ich je gesehen habe«, sagt Klax ergriffen. »Weißt du noch, als wir uns im letzten Sommer kennen gelernt haben?« »Ja«, lächelt Klax, »wenn du nicht gewesen wärest, hätte ich niemals meine Krone wieder gefunden.« »Und ich hätte nicht so einen tollen Freund!« Kosmo drückt Klax fest an sich. Was raschelt denn da hinter dem Busch? »Überraschung«, rufen Herr Mümmelmann, Lili Graumaus und die vornehme Frau Gans. »Was macht ihr denn hier?«, staunen Kosmo und Klax. »Wir haben ein Lied gedichtet. Nur für Euch! Heute ist doch euer Jahrestag!« Gerührt schauen sich Kosmo und Klax an. Wie schön, wenn man solche Freunde hat!

Lied für Kosmo und Klax

Riechen, gucken, ausprobieren,
denken, fühlen, abstrahieren.
Jeden Tag auf neue Weise,
gehst du auf Entdeckungsreise.

Mit Kosmo und Klax die Welt verstehen,
sie mit ganz anderen Augen sehen.
Das macht viel Spaß und immerzu
lernst du dabei noch was dazu.

Wer bist du, wie fühlt's sich an?
Wo ist was, Klabautermann!
Über Felder, Stock und Stein,
die Welt soll unser Spielplatz sein!

Mit Kosmo und Klax die Welt verstehen,
sie mit ganz anderen Augen sehen.
Das macht viel Spaß und immerzu
lernst du dabei noch was dazu.

Geschichten, Spiele, Quizaufgaben,
rechnen, malen, Vers aufsagen.
Erlebe das Leben und die Jahreszeiten,
mit Kosmo und Klax, die dich begleiten.

Mit Kosmo und Klax die Welt verstehen,
sie mit ganz anderen Augen sehen.
Das macht viel Spaß und immerzu
lernst du dabei noch was dazu.

ROUTE
66

Inhalt

Metro
DINER

Trampelpfaden zusammensetzt und auf dem einst die Cowboys das Vieh aus Südtexas durch viel Gras und *high chaparral* in die Cow Towns von Kansas trieben.

Neben der stets im Westen angesiedelten Paradiesvorstellung vom El Dorado mobilisiert die Route 66 zugleich den Mythos der Straße als Ort der Heimatlosigkeit, als Mittel zur Flucht, des Sich-Entziehens, den Steve McQueen's *Getaway* ebenso nutzte wie *Thelma und Louise* oder vorher schon Dr. Kimble (alias *The Fugitive*), dessen Freiheit nur zwei Freunde sichern konnten: »die Dunkelheit und die endlose Landstraße«.

Auch der Suche nach der verlorenen Zeit pflastert die Route 66 den passenden Weg, am auffälligsten mit vielen inzwischen verblichenen Zeichen und einer fast schon musealen Architektur rund ums Benzin. »Die Straße soll ein faszinierendes Buch sein, das man im Fahren lesen kann«, haben die renommierten US-Stadtplaner Kevin Lynch und Frank Appleyard einmal gefordert.

Über weite Strecken blättert der alte Highway seitenweise solchen Lesestoff auf. Und siehe da, er entpuppt sich als Pflichtlektüre in jüngerer US-Geschichte. Und für den Tourismus bestens geeignet! Angeschlagene Denkmäler und wackelige Ruinen stehen bei ihm seit eh und je hoch im Kurs. Ob Maya-Tempel oder Pyramiden, Akropolis oder prähistorische Klippensiedlungen der Anasazi – im Vergleich dazu erscheint die Route 66 nur als eine neuere Variante, eine, die praktisch das gesamte Inventar der amerikanischen PS-Kultur vorführt: verrostete Zapfsäulen, witzige Reklametafeln, flotte Diners und kuriose Motels.

Diese Retrospektive beginnt bekanntlich in Chicago und rollt zunächst durch Illinois, wo der sogenannte Pontiac Trail, die Verbindung zwischen Chicago und St. Louis, schon 1918 durch eine harte Straßendecke aufgewertet worden war, der dann später die berühmte Nummer erhielt. Wie in den an-

Als Kultmobil von der Route 66 nicht wegzudenken: der zweisitzige GM Chevrolet Corvette

Scheune voll, menschenleer: Illinois

deren Bundesstaaten wurde der Highway hier auch häufig umgebettet – er wechselte in den meisten Städtchen mehrfach seinen Lauf. Meist gab es eine »City 66« plus ein oder zwei Umgehungsstraßen. Wann immer die Rede auf die alte Trasse kommt, rühmt sich Illinois, bei ihrer Geburt und Beerdigung jedesmal die Nase vorn gehabt zu haben. Es war der erste Staat, in dem der Highway eine feste Oberfläche bekam, und wiederum der erste, wo eine Interstate ihn ersetzte.

Zugegeben, die Fahrt durchs Land von Abraham Lincoln mutet leicht dröge an, aber das bessert sich später. Am besten begreift man überhaupt die Strecke als eine Art dynamische Sparbüchse, denn jede gefahrene Meile wird sich nachher auszahlen. Im übrigen hat nie jemand behauptet, die Route 66 sei die schönste Strecke durch Amerika. Sie war einmal die schnellste.

In unmittelbarer Nähe des Mississippi ragt der Gateway Arch wie ein Triumphbogen in den Himmel, so als wollte er das Herz von St. Louis markieren. Aber dies ist zweifellos transplantiert worden, und das urbane Blut zirkuliert an anderen Stellen der Stadt. Im Unterschied zum French Quarter von New Orleans nämlich, hat sich die Altstadt von St. Louis vom Vater der

Alltag in Missouri

Cowboykultur zu feiern. Ein Unikum ist sein Kapitol, das einzige in den USA, auf dessen Grundstück nach Öl gebohrt wird.

Ja, das Öl! Neben Texas kann Oklahoma ein Lied davon singen. Farmer, die über Nacht reich wurden, nannte man *oileys*. Dennoch, so robust das Image des Staates durch Cowboys, Indianer und Ölpumpen auch sein mag, de facto bleibt sein Haushalt sehr fragil – abhängig von den Preisen der Hauptprodukte Öl, Gas und Getreide.

Die Route 66 hat damit keine Probleme. Im Gegenteil, sie scheint sich hier heimischer zu fühlen als anderswo, denn sie durchkreuzt das Land auf eine Art, als sei sie schon vor ihm da gewesen.

Auch sonst gibt es Berührungspunkte: die Konzeption der Route durch seinen Gründervater Cyrus Stevens Avery, die Niederlassung der Petroleumfirma Phillips 66, die Geburt von Will Rogers, die Balladen des Woody Guthry, die Schauplätze von John Steinbecks *Grapes of Wrath* – sie alle entstanden oder spielten hier. Auch die neuen Country & Western-Superstars, Reba McEntire und Garth Brooks, zählen dazu. Allerdings schmeckten den Oklahomans die Steinbeckschen Früchte ganz und gar nicht. Sie fühlten sich derart diskriminiert, daß viele Bibliotheken sich weigerten, den Roman zu führen.

Apropos Will Rogers: Der Mann mit dem gesunden Pferdeverstand eines Western-Charakters und gewitzte Cowboy-Star, vergleichbar höchstens noch mit Teddy »Cowboy« Roosevelt, Buffalo Bill oder Daniel Boone, hat auf der Route nicht nur jede Menge Spuren hinterlassen, sondern ihr streckenweise sogar seinen Namen gegeben.

Als sie komplett war, bestand der Staat gerade mal 19 Jahre. Für Oklahoma, das vorher als *Indian Territory* firmierte, brach ein neues Zeitalter an, was man an den Trampern, den Reklameschildern und den Neons ablesen konnte.

Unter den acht US-Staaten, die die Route 66 zusammenhält, gibt sich Oklahoma bei der Denkmalpflege die größte Mühe. Viele neue Straßenschilder erleichtern die Orientierung, in Clinton wurde ein neues Route-66-Museum eröffnet, und der eine oder andere Oldtimer erstand wieder in neuer Frische: z. B. der *Blue Whale* von Catoosa, das Überbleibsel eines ehemaligen Fun Parks, das lange Jahre am Weiher an der Straße mit erstarrtem Lachen und abbröckelnder Farbe dümpelte. Anfang 1997 kam nun der Gouverneur höchstpersönlich und weihte den strahlenden Neuanstrich des Moby Dick ein.

Angesichts seiner beträchtlichen Größe, durchquert die Route 66 den *Lone Star State* Texas ausgerechnet an dessen schmalsten Stelle, nämlich am *Panhandle*, dem Pfannenstiel. Diese Region, einst bekannt als »Land des kurzen Grases und der langen Hörner«, gehört zum nördlichen Teil des besonders Karl-May-Fans bestens vertrauten Llano Estacado, der wiederum das Südende der Great Plains bildet. Seit Indianer und Büffel nach den Kriegen am Red River (1875) verschwunden sind, dreht sich hier alles um *agribusiness*, Viehzucht und Öl.

Gleichzeitig hat sich die Blüte von Kunst und Kultur weder vom Staub noch von den Cowboys behindern lassen, vor allem in Amarillo nicht, der unbestrittenen Hauptstadt des *Panhandle*. Die meisten kennen Fotos von der skurrilen Cadillac Ranch, aber daß sich Amarillo ein eigenes Sinfonieorchester und eine Ballett-Truppe hält, die nicht den *square dance* (eine Art texanischer Schuhplattler) aufs Parkett legt, sondern sich durchaus an Tschaikowskys *Nußknacker Suite* heranwagt, verdient Respekt.

Unverhofft birgt die unmittelbare Nachbarschaft von Amarillo noch eine weitere Überraschung, vor allem deshalb, weil man damit angesichts der brettgeraden Oberfläche nicht rechnen würde: den tief ins Terrain eingeschnittenen Palo Duro Canyon, wo Wandersleute, Kletterer und Reiter sich austoben können und Erosionsfreunde ins Schwärmen geraten.

Nur ein paar Windräder weit entfernt liegt die Grenze zu New Mexico, zum *Land of Enchantment*, das der 66 den Anschluß an den Rest der Nation verdankt. Weitgehend zumindest, denn so ganz ist ihm das auch bis heute nicht gelungen. Vieles geht hier noch seinen gemächlichen Gang – im Eselstempo oder *burro back*, wie die *locals* sagen. So mancher Brief landet erst mal in Mexiko, weil sich noch nicht herumgesprochen hat, daß New Mexico ein US-Bundesstaat ist.

Vorreiter der Anbindung an die Union war die berühmte Eisenbahngesellschaft, die vor allem den Indianertourismus und den Handel mit indianischem Kunstgewerbe förderte. Bereits 1926, also im Geburtsjahr des Highway, hatte die Santa Fe Railroad Kalender herausgegeben, deren geschönte Indianerbilder Natürlichkeit und Freiheit als verlockende Alternativen zu den Städ-

TEXACO – sonst wenig

Gegenverkehr: Arizona hat für alle Platz

ten des Ostens anpriesen, um für Extratouren zu den Indianersiedlungen, für sogenannte *Indian Detours*, zu werben. Indianisch drapierte und eigens ausgebildete »Fremdenführer« begleiteten die Züge, die *Chief*, *Super Chief* oder *Navajo* hießen. Die Pueblos am Rio Grande, prähistorische Siedlungen und Missionskirchen wie beispielsweise Pecos gehörten zu den gefragtesten Stopps. Im Vergleich zum Komfort der Züge war der Autotrip in den Südwesten am Anfang noch eine höchst abenteuerliche Sache – angesichts zweifelhafter Tankstellen, spukiger Tierskelette und gestrandeter Ford *Model Ts* im Straßengraben.

Kurz vor Santa Fe, seit langem die heimliche Hauptstadt des Milden Westens, fädelt sich die erste Route 66 (die zweite nahm nach 1937 direkten

Kurs auf Albuquerque) ins Netz ihrer Vorfahren ein, denn der Pecos und Santa Fe Trail suchen genau hier den Anschluß an den nach Mexiko führenden El Camino Real. Und auch die Bahngeleise verlaufen so, als würden sie die alte Hauptstadt ansteuern. Doch im letzten Augenblick schrecken sie vor den Sangre de Cristo Mountains zurück, schlagen einen Haken und begnügen sich mit dem Provinzbahnhof Lamy, ein paar Meilen südlich von Santa Fe.

Mehr noch als New Mexico sammelte Arizona touristische Pluspunkte entlang des alten Highway. Geologische Denkmäler wie Painted Desert, Petrified Forest, Meteor Crater und der (nicht allzu abgelegene) Grand Canyon zählen nach wie vor zu den Highlights der Region. Das steinerne Zelt-Motel in Holbrook, die von den *Eagles* besungene Straßenecke von Winslow und der zünftige *Museum Club* in Flagstaff sind Adressen, die jeder Route-66-Fan gesehen haben sollte, wenn er sich zu Hause noch blicken lassen will.

In Seligman trennt sich der Highway entschiedener denn je vom »Großen Bruder« Interstate und geht seine eigenen Wege durch die Wüste. Westlich von Kingman macht er das gleich noch einmal, jetzt über den riskanten Sitgreaves Pass, der anfangs von den Autos oft nur im Rückwärtsgang bewältigt werden konnte.

Fern von seinem glamourösen Image gibt Kalifornien seinen Einstand einsam und knochentrocken: vom Colorado River über die stille Wüstenpiste der Mojave National Preserve. Nur dann und wann zeigen sich minimalistische Spuren menschlicher Existenz, No-name-Orte wie Essex zum Beispiel. Als TV-Talkshow-Veteran Johnny Carson zum ersten Mal dieses Nest entdeckte, spendierte er den Leuten eine Relaisstation. Aus Mitleid. Fortan hatten die Essexer TV und konnten Johnny im Kanal von NBC gucken.

Zu guter Letzt stürzt der Cajon Pass dramatisch in das einst als irdisches Paradies gepriesene, heute meist smogverhangene Los Angeles Basin. Daß sich die rosigen Zeiten dort unten geändert und die Obstgärten und Orangenhaine am Fuße der San Gabriel Mountains in einen schier unendlichen Korridor aus Immobilien und Shopping Centers verwandelt haben, bekommt der 66-Getreue zu spüren, wenn er das mühselige Wegstück von San Bernardino nach Westen durchsteht. Einziger Lichtblick am Ende des Vorstadt-Tunnels: Pasadena, eine immer noch unterschätzte städtische Zierde im endlosen Siedlungsteppich von Los Angeles.

Dieser zeigt sich entlang der Route zwar nicht von seiner Schokoladenseite, aber dafür in einem ziemlich repräsentativen Querschnitt: vom Anfang des Sunset Boulevard über Hollywood, Beverly Hills, Westwood nach Santa Monica.

Von Europa aus nonstop in L.A. zu landen ist eine Sache, nach über dreieinhalbtausend gefahrenen Kilometern hier anzukommen eine andere. Der erstickende Verkehr, die aggressiveren Fahrstile, die vielen Selbstdarsteller und ihr schrilles Getue – all dies schließt fast nahtlos an Europas Großstädte an; es wirkt aber nach einer wochenlangen Reise durch die ländlichen USA plötzlich fremd. Diese Erfahrung scheint der gängigen Auffassung zuwider zu laufen, der alte Highway löse seine Versprechungen erst in dem Maße ein, wie er weiter nach Westen vordringe. Stellvertretend für viele, träumte denn auch die Familie Joad in Steinbecks *Früchte des Zorns* in dieser Richtung.

Service: lange Zeit gab es an den Tankstellen Landkarten, die von den Benzinfirmen kostenlos zur Verfügung gestellt wurden

Am Ende aber mochte niemand in Kalifornien die armen Schlucker aus der windigen Pampa.

So halten sich Erwartung und Erinnerung letztlich doch noch die Waage: Viele Menschen, Landschaften, Rede- und Umgangsformen weiter östlich erinnert man als einfach, angenehm und aufrichtig, ja, fast wie ein verlorenes Paradies. Ist (oder war) nicht das auch immer die Route 66?

Wie auch immer, in Santa Monica, dicht vor den Klippen über dem Pazifischen Ozean, ist Endstation – für diese *route Americana*, die Collage amerikanischen Alltags am laufenden Meter, durch acht Bundesstaaten, mehr als 300 Städte und drei Zeitzonen: 2 249 Meilen oder 3 598 Kilometer.

Bis zum Hals im Wasser: Blick auf Chicago vom Lake Michigan aus ▷

Hard Rock
CAFE

Chicago im Rückspiegel: vom See zum Meer

um hier 1876 eine Makkaronifabrik zu gründen, die so erfolgreich wurde, daß sie bald das Wahrzeichen von Braidwood bildete.

Nach Godley, einer alten Minenstadt, wo ein Atomkraftwerk harsch den Reigen aus Farmen und Feldern, weißen Zäunen und Telegrafenstangen unterbricht, folgen Braceville, Gardner und Dwight, dessen schattige Hauptstraße mit properen Häuschen, Veranden, Treppchen und altem Baumbestand fast einen Hauch vom Alten Süden verbreitet. Die Tankstelle *Marathon Oil Station* von 1932 paßt dabei gut ins Bild. Nostalgie und Verfall gehen meist Hand in Hand, in den Städten ebenso wie auf dem Land. Ramponierte Scheunen und defekte Silos zeigen: *farming* und *ghost farming* liegen dicht beieinander.

Auch am Ortsausgang von Odell, am Rand der Maisfelder, hat die aus den 30er Jahren stammende *Old Sinclair Gasoline Station* ihren Geist aufgegeben. Statt der Zapfsäulen türmt sich gehacktes Holz vor der Hütte. In der Höhe von Cayuga steht eine der wenigen Scheunen, auf deren Dach die Werbung für die Meramec-Höhlen in Missouri noch zu lesen ist.

Mit dem Namen Pontiac, der auf einen Häuptling der Ottawa-Indianer zurückgeht, assoziieren Amerikaner keinen Ort, sondern eine Automarke. In Illinois ist das natürlich anders. Die am Nordende der Stadt Pontiac ansässige *Old Log Cabin* hat eine routenspezifische Baugeschichte, denn als die Route 66 eine neue Streckenführung bekam, lief sie plötzlich an der Rückseite des Gebäudes vorbei. Mit ein paar technischen Tricks drehte man das Gebäude einfach um.

Wer Chenoa aus der Nähe betrachten will, muß wie schon in Pontiac einen kurzen Schlenker links in den Ort machen; vielleicht landet er dann in *Steve's Cafe*, einem lokalen Oldie von 1918.

Mais und Getreide wachsen am Weg nach Lexington, Towanda, Normal und Bloomington. Inzwischen haben sich auch die braunen Route 66-Zeichen als verläßliches Navigationssystem bewährt. In Normal und Bloomington kann man sie besonders gut gebrauchen.

Bloomington, das seinen Namen dem Farbenspiel der blühenden Wildblumen verdankt, hat Illinois, dem »Lande Lincolns«, eine historische Fußnote hinterlassen. Als der Präsident hier 1856 eine Rede gegen die Sklaverei hielt, war die anwesende Presse so vergrault, daß niemand mitschrieb. Entsprechend vage berichteten die Zeitungen. Die Rede ging als *lost speech* in die Geschichte ein. Die rund 50 000-Seelen-Gemeinde pflegt zumindest einmal im Jahr den Route-66-Mythos, wenn sich im Juni hier Tausende von Corvette-Fahrern treffen.

Funk's Grove ist bekannt für seinen Ahornsirup aus der nahegelegenen Fabrik, die seit Generationen von Isaac Funk und seiner Familie betrieben wird. Zur Zeit, so heißt es, hängen jedes Jahr um die 3 000 Eimer an den Ahornbäumen. Aber selbst das deckt die Nachfrage nicht; wer sich nichts hat reservieren lassen, geht leer aus: SIRUP SOLD OUT steht meist auf dem Schild an der Straße.

In McLean gruppieren sich die unterschiedlichsten Etablissements rund um einen Platz: Kirche, Post und ein übermächtiger Silo, aber das wahre Zentrum des Durchgangsverkehrs heißt *Dixie Truckers Home*, ein gestandener Truck Stop, der seit den 20er Jahren durchgehend geöffnet hat und zum ältesten seiner Sorte an der Route 66 gehört.

Von den 1807 Einwohnern von Atlanta mag sich bei der Durchfahrt niemand zeigen, so ausgestorben wirkt der Ort. Aufwendig, aber einsam ragt an der Ecke Race und Arch Streets das Public Library and Museum in den Himmel, ein eigenwilliger Bau in oktogonaler Grundform. Ansonsten dominieren dröge Trios aus Futterspeicher, Lagerhalle und Eisenbahn. Dasselbe im nachfolgenden Lincoln, das sich immerhin schon so nannte, bevor Lincoln Präsident wurde, und in Broadwell, wo immerhin seit 1936 das *Pig Hip Restaurant* zu Hause ist. Inzwischen hat es schließen müssen. Der Schinken seiner populären *ham sandwiches*, verkündete Ernie Edwards, der einstige Besitzer, käme nur aus der linken Schweinshüfte, weil jeder wisse, daß, wenn ein Schwein sich kratze, dies mit dem rechten Hinterbein geschehe, was das Fleisch dort besonders zäh mache.

Elkhart mit seinen diversen Kornspeichern, Williamsville, wo die Old Road erst einmal endet, und Sherman liegen auf dem Weg zur Haupt-

Space-Monster auf Kundenfang: Werbefigur in Wilmington, Illinois

Big car – small talk: Zwiegespräch in Gardner, Illinois

Am Tropf: alte Benzinsäule in Odell

Kathedralen der Körner: Silos an der Route 66 bei Lexington, Illinois

Tropischer Mehrwert: Restaurant in Lincoln, Illinois. Nicht auf das, was man ißt, sondern wie man sich dabei fühlt, zielt die Wirkungsästhetik des Schildes

stadt von Illinois: Springfield. Hier vereint sich die Route 66 mit dem Lincoln Historical Trail. Kein Wunder, denn schließlich wurde der große Mann hier geboren und beerdigt. Seither zählt sein Grab ebenso zu den nationalen Pilgerstätten wie das 1844 von ihm erworbene Haus und das Old Courthouse, wo er als Anwalt tätig war. Neueren Datums: der *Cozy Dog Drive-In*, auf dessen Logo sich zwei Hot Dogs herzen – ein herzensguter Evergreen für alle Routen-Fans.

Nach einem kurzen Interstate-Hopser überwiegt erneut die ländliche Szenerie, nur kurz unterbrochen durch das stille Divernon. Schöne Scheunen folgen auf den Fuß, pfiffig gebaut mit Giebeln, von denen einige richtige kleine Mützchen tragen – mal rot, mal weiß getüncht. Und wie es sich für die Route 66 gehört, ist hier und da auch schon mal der Lack ab. Irgendwo hat man das christliche »Vaterunser« auf weißen Täfelchen in Reih und Glied neben die Straße gepflanzt. Die Textabschnitte sind so gestückelt, daß man sie im Fahren lesen kann: ein Drive-In-Gebet mitten im Alfalfa-Feld.

Gut erhalten und voll funktionstüchtig steht das altehrwürdige *Ariston Cafe* fest auf dem Boden von Litchfield, einer alten Bergarbeitersiedlung, in der in den 80er Jahren des vorigen Jahrhunderts die erste Ölproduktion von Illinois startete.

Südlich der Stadt entdeckt man zwischen dem Highway und den Gleisen eine noch ältere Trasse, bei der schon Gras durch die Betonritzen dringt: ein Vorfahre der Route 66, von denen es viele gibt, weil die Streckenführung im Lauf der Zeit mehrfach verändert wurde.

Im Umkreis von Staunton wächst Mais, so weit das Auge reicht. Erinnerungen an Schleswig-Holstein werden wach, wenn die schwarzweißen Kühe

auf den *dairy farms* ausschwärmen. Hamel erinnert noch einmal an alte Route-66-Zeiten – durch *Earnie's*, ein klassisches *road house* aus den 30er Jahren. Dann folgt, beinah zum Abschied von Illinois, eine besonders reizvolle Strecke, geprägt von Milchfarmen, Alfalfa, Schweinen, Schafen und schönen Scheunen – ein bukolisches Finale, bevor es in Edwardsville abwärts geht: ins Mississippi-Tal und seine Metropole, St. Louis.

Nichts, aber auch gar nichts erinnert hier am Zusammenfluß von Mississippi und Missouri daran, daß die Stadt einmal als winziger Trading Post französischer Pelzhändler angefangen hat, gegründet 1764 von Pierre Laclede Liguest, ironischerweise unter spanischer Krone, was die Franzosen aber zu dieser Zeit gar nicht wußten. Die Stelle, wo der Pelzhändler an Land ging, trägt seinen Namen: Laclede's Landing. Durch sein schachbrettartiges Straßen-Layout bewahrt dieses muntere Nightlife-Viertel zwar noch Spuren seines Ursprungs, aber kaum mehr als das. Ganz im Gegensatz zum French Quarter in New Orleans.

Mit dem Lousiana Purchase, durch den Thomas Jefferson 1803 von Napoleon einen riesigen Batzen Land kaufte, verlor die Kolonialstadt durch die Invasion angloamerikanischer Pioniere nach und nach ihren französischen Charakter. Während noch im gleichen Jahr die Pioniere Lewis und Clark ihre folgenschwere Expedition in den Nordwesten der USA ausrüsteten, um das gerade von Jefferson erworbene Louisiana Territory zu erkunden und für die Westbesiedlung vorzubereiten, kontrollierte St. Louis bald und jahrzehntelang die Ökonomie zwischen dem Mississippi und den Rocky Mountains. Seither versteht sich die Stadt als *Gateway to the West* für Pioniere, Trapper, Siedler und Abenteurer.

Historisch sind da Zweifel angebracht, denn andere Orte waren Sammel- und Ausgangspunkte für die Trails und Trecks nach Westen, nämlich Franklin, Independence, St. Joseph und Kansas City. Dennoch war auch St. Louis bis zum Bürgerkrieg ein Ausrüstungszentrum für Siedler der Umgebung und Überlandfahrer; schließlich bot es den wichtigsten Hafen für einen halben Kontinent. Ab der 30er Jahre waren es vor allem deutsche Auswanderer, die in der Stadt Fuß faßten, deren Einfluß sich am sichtbarsten (aber keineswegs ausschließlich) an den zahlreichen Brauereien manifestierte.

Ein schlimmes Feuer durchkreuzte 1849 kurzfristig den wirtschaftlichen Aufstieg der Stadt. Als man danach viele Gebäude mit schmiedeeisernen Fronten wieder aufbaute, führte das unter anderem dazu, daß sich St. Louis landesweit als führender Produzent und Exporteur von architektonischen Eisenteilen profilierte.

Kurz vor dem Bürgerkrieg (1857) entwickelte sich die Stadt zum Eisenbahnknotenpunkt, dessen Bau wiederum zahlreiche Immigranten anzog. Nach dem Krieg, der für die Stadt schwere Einbrüche brachte, weil die Bevölkerung in der Sklavenfrage gespalten und der Schiffsverkehr unterbrochen war, begann das Goldene Zeitalter. Eine rapide fortschreitende Industrialisierung, neue Produkte (Baumwolle, Fleisch, Bier und Schuhe) und Technologien (z. B. das Pressen von Baumwollballen für deren effizienteren Transport) und eine Bevölkerungsexplosion begründeten ein bis dahin ungesehenes wirtschaftliches und städtisches Wachstum.

In dieser Ära (1869–93) entstand die erste Mississippi-Brücke, die Eads Bridge von 1874, Symbol für den Optimismus der St. Louisans und lange

Pompös: Old State Capitol in Springfield, der Hauptstadt von Illinois

Transit im Kornfeld: Landwirtschaft bei Divernon, Illinois

städtisches Wahrzeichen. Das Kontrastprogramm zu neuem Reichtum und ungehemmtem Materialismus lieferten Mark Twain und Charles Dudley in ihrem satirischen Roman *The Gilded Age: A Tale of Today*. Von viel Gier, Korruption und der Not der Armen ist da zu lesen.

Als aggressive Eisenbahnbauer aus Chicago der Stadt mehr und mehr das flußgebundene Transportmonopol streitig zu machen suchten, holten die lokalen Entrepreneure zum Gegenschlag aus, indem sie ein lukratives Vertriebsnetz im amerikanischen Südwesten aufbauten. Sie überschwemmten das Land zwischen Arkansas und Utah mit illustrierten Katalogen, Anzeigenblättchen und Schwärmen von Handelsvertretern. In beinah jede Stadt, die einen Bahnhof hatte, gelangten Küchengeräte, Möbel, Drogerieartikel etc. »Made in St. Louis« per Direktbestellung. Die Regale der *country stores* im Südwesten füllten sich mit Konsumgütern von Grossisten aus St. Louis.

Diese merkantile Westorientierung wandte die Stadt sogar auf sich selbst an. Downtown wanderte nach Westen, denn viele Kaufleute und Großhändler suchten nicht mehr die Nähe des Flusses, sondern die der Eisenbahn. Die Geschäfte liefen gut, und die Expo 1904 (einschließlich der ersten Olympischen Spiele auf US-Boden) bedeutete ein weiteres Glanzlicht in der Stadtgeschichte.

Weltkrieg, Depression und Prohibition schwächten die Wirtschaftskraft beträchtlich, doch auch in diesen schweren Zeiten investierte man in die Zukunft. Finanziert von lokalen Geschäftsleuten, flog Charles Lindbergh 1927 den *Spirit of St. Louis* solo über den Atlantik.

Das »Ariston Cafe« in Litchfield, Illinois

Chain of Rocks Bridge über den Mississippi in St. Louis

Es war einmal: Reste der alten Route südlich von Litchfield

Engpaß bei Hazelgreen

Schnurstracks und krumm: Interstate 44 und Route 66

Betagter Route-66-Kumpan: das »Munger Moss Motel« in Lebanon, Missouri, der Gebrauchtwagenhauptstadt der Welt

als sonstwo in den USA wohnten. Einige viktorianische Residenzen erinnern noch an diese fetten Jahre.

Unberührt davon flattern heute die Schmetterlinge über den gepflegten Rasen rund um das Gericht. Das Sortiment in den Shops stammt größtenteils aus der Zeit wie diese selber, Antiquitäten also, aber auch unsäglicher Krempel neueren Datums.

Während Webb City zumindest noch die Mega-Skulptur der »Betenden Hände« aufzuweisen hat, die sich auf einem Hügel theatralisch für den Frieden in der Welt falten, begnügt sich die Strecke nach Joplin mit einem schwer verdaulichen Mall-Korridor. Außerhalb der von mineralträchtigen Hügeln umgebenen Stadt wird es zumindest handfest historisch: hinter dem Schild OLD ROUTE 66 NEXT RIGHT rollt man rund zwei Meilen auf einem uralten

High noon in Halltown, Missouri. Nicht hinter jeder Fassade verbergen sich so viele Geschichten wie hier

Stück *mother road*, das heißt auf ruppiger Oberfläche mit verblichenem Mittelstreifen, ohne Bordstein und Seitenmarkierung. Dichter kann man dem Mythos nicht auf die Spur kommen!

Das Debüt der Route in Kansas gerät zwiespältig. Erst einmal leuchten herbstliches Goldlaub und gelbe Wildblumen, dann aber folgen Rückstände einer Bleischmelze aus der Bergbauzeit – *moonscape* statt *landscape*.

Mit einer eleganten olivgrünen Heuschrecke als Fahrgast auf der Windschutzscheibe geht es über die gerade mal 13,2 Meilen, die der Route 66 in Kansas vergönnt sind. Entsprechend sorgfältig haben die Route-66-Denk-

John Ferguson, der Innkeeper, wartet auf Gäste vor seinem »Boots Motel« in Carthage, Missouri

malpfleger die Streckenführung gekennzeichnet und praktisch jeden Meter in touristisches Formalin gelegt. Besonders in Riverton. Wie mit dem Kartoffelstempel markiert, steht hier »66« auf der Straßendecke. Und wenn man nur ein gutes Dutzend Meilen abbekommen hat, zählt natürlich jeder Meter. Jesse James, der an der Military Avenue einst eine Bank überfiel, konnte sich diese Muße nicht leisten.

Vor dem weiten Horizont über flachen Feldern steht es an der Grenze schwarz auf weiß: WELCOME TO OKLAHOMA, NATIVE AMERICA. Namentlich scheint das in Ordnung zu gehen, denn *okla* bedeutet »Menschen« in der Sprache der Choctaw-Indianer, *homma* »rot«.

Oklahoma, Land der Rothäute also. Mit dem *native* allerdings, dem »Gebürtigen«, hat es so seine eigene Bewandtnis.

1803 tätigten die USA den Louisiana Purchase: Sie kauften von Napoleon einen riesigen Batzen Land, zu dem auch das Gebiet des heutigen Oklahoma gehörte, wo zu dieser Zeit schon seit 12 000 Jahren Indianer vom Landbau und der Bisonjagd lebten; in jüngerer Vergangenheit (900–1450) auch die *Mound Builders*, die untereinander durch Handelsbeziehungen verflochten waren.

RESISTOL
HATS
best all-around

15 FT 7 IN

◁ Passend zur Prärie: Western-
laden in Afton, Oklahoma

◁ Brückenschläge: Route 66
bei Tulsa

Denkmalpflege im Totem Pole Park, Foyil, Oklahoma (links)

Abrechnung: Chelsea, Oklahoma (unten)

»Goldener Bohrer«: Sinnbild für den Bodenreichtum und die industrielle Leistungsfähigkeit von Tulsa, Oklahoma (oben)

Downtown Tulsa (rechts)

reparatur. Das optische Highlight aber ist jüngeren Datums, der *Metro Diner* – neu, funkelnd und ganz offensichtlich in.

Tulsa's Glückssträhne begann mit den spektakulären Ölfunden von 1901, die für weltweite Publicity und städtischen Reichtum sorgten. Im Zuge des schwarzen *gold rush* verschönerte sich das Stadtbild beträchtlich, und einige philanthropische Ölbarone taten sich als Kunstmäzene hervor, allen voran Waite Phillips und Thomas Gilcrease.

Von diesem jüngeren Erbe profitiert der Besucher heute noch. Filigrane Tupfer zeugen allenthalben von der ornamentalen Fantasie am Bau, die das

Art-déco hat walten lassen: die *Zig-Zag*-Moderne der 20er Jahre, die Stromlinien der 30er Jahre und die klotzigen Klassizismen aus der Zeit der Großen Depression und des New Deal.

Die Kunstsammlungen des Philbrook und des Gilcrease Museum gehören zu den besten weit und breit. Und wer in den terrassierten italienischen Gärten der Philbrook-Villa spazierengeht, wird weder mitbekommen, daß Tulsa – mit rund 700 000 Einwohner die zweitgrößte Stadt im Staat – heute eine der Top-Adressen für die Petroleumtechnologie ist, noch etwas davon spüren, daß die Prärie um die Ecke liegt.

Kirche und Küche: Boston Memorial Church (links) und Metro Diner an der Route 66 in Tulsa (oben)

Flott gefahren …

Stadt. Sowohl das *Frontier Motel* als auch das *Motel Reno* haben arg gelitten oder komplett dicht gemacht: NO VACANCY für alle Ewigkeit.

Calumet, mit obligatem Wasserturm und Getreide-Terminal, sieht schon ein bißchen wie eine Western Town aus. Wie Körner-Kathedralen ragen die Superspeicher gen Himmel und schaffen markante Orientierungen. Und ein Silo kommt selten allein. Zwischen El Reno und Texas (also praktisch in ganz West-Oklahoma) erstreckt sich das *short grass country*, kurzes Büffelgrasland, dessen grüner Pelz einmal in Oklahoma den dunkelroten Lehm bedeckte und von Kanada bis Mexiko reichte. Bis tiefe Narben folgten – durch Viehhufe, Packesel, Ochsenkarren, Eisenbahnen, Highways, Pflüge, Traktoren und Pipelines. Nachdem dann auch Tornados, Wolkenbrüche und Präriefeuer ihren zersetzenden Beitrag geleistet hatten, blieb eine ausgemergelte *Dust Bowl* übrig, von der sich das Land nur langsam und bedingt erholte.

Die Einfahrt nach Clinton markiert der erste Trading Post in Oklahoma, die pittoreske *Mohawk Lodge*, wo man Perlen von einem Stamm der Cheyenne-Arapaho-Indianer kaufen kann. Weitere Oldtimer folgen: das verbretterte *Hotel Rio Siesta* und der legendäre *Pop Hick's*, wo es rund um die Uhr etwas zu futtern gibt. Neu und aufwendig ist die Inszenierung des Oklahoma Route 66 Museum gelungen.

Anders als im Museum birgt die Route bisweilen in Wirklichkeit einige Tücken, vor allem, wenn (wieder einmal) das Prinzip von Nadel-und-Faden im Verhältnis zwischen alter und neuer Straße zur Anwendung kommt: Erst unterquert man die Interstate, dann fährt man über sie weg und so weiter – Geschichte und Gegenwart im Kreuzstich.

… und gut behütet: Pärchen auf und an der Route 66 in Oklahoma

Während die rote Erde Oklahomas mehr denn je dominiert, naht der Red River. Von der *service road* aus erkennt man das alte verwilderte Straßenbett und die Telegrafenstangen verraten die Eisenbahnlinie. Zum Schild vom *Cabana Motel* in Erick sucht man vergeblich die entsprechende Herberge. Nicht nur das – die ganze Stadt ist unauffindbar. Kein Mensch weit und breit: Ghost Town total. Auch Texola, der letzte Stopp in Oklahoma vor der texanischen Grenze, hat außer einer Bar eigentlich nur Ruinen auf Lager. Der Übergang zum *Texas Panhandle* verläuft fließend, und fast unbemerkt fällt der Grünbewuchs dabei struppiger und niedriger aus. Ein endloser Pelz aus Grasland überzieht die Prärie bis Shamrock, das, lange am Tropf von Erdgas und Öl, heute verlassen im trockenen und windigen »Pfannenstiel« liegt.

Apropos *Panhandle*. Ein Blick auf die Landkarte zeigt, woher der Name kommt. Die Kontur des nördlichsten Texas-Zipfels ähnelt tatsächlich dem »Stiel«, mit dem man die »Riesenpfanne« des *Lone Star State* gut in den Griff bekommen kann. Oder sind die rauhen Winde, das weite flache Hochplateau und die zerklüfteten Canyons doch nur eine Hinterwelt, in der sich die Präriehunde gute Nacht sagen? Kaum, denn die südlichen Ausläufer der Great Plains besitzen durchaus ihre herben Reize. Einsam und endlos dehnen sich die Äcker und Weiden unter einem riesigen Cinemascope-Himmel. Berüchtigt sind die *blue northers*, heftige Stürme, die plötzlich lostoben, rapide Temperaturstürze bescheren und ebenso rasch wieder abflauen – ein Land im Windkanal.

Kein Wunder also, daß sich die ersten Siedler an die Baukunst der heimischen *prairie dogs*, der Erdhörnchen, hielten, die in Löchern siedeln.

Buchhandlung »Full Circle« im Penn Place Shopping Center

Mexikanische Küche: »Abuelo's« im Bricktown Historical District

»End of the Trail«: Monumentalplastik in der National Cowboy Hall of Fame, Oklahoma City

Elk City, Oklahoma (oben)

Startklar für die Traumstraße: Wandgemälde in Sayre (rechts oben)

Rostlauben gehören zu den treuesten Weggefährten der Route-66-Reisenden (rechts unten)

In memoriam: am Ort des Bombenattentats in Oklahoma City (unten)

Klassiker am Wegesrand: das »U Drop Inn and Cafe« in Shamrock, Texas

Die Neuankömmlinge machten es den drolligen Moppeln nach – in Form von Erd- und Grubenhäusern, den sogenannten *dugouts*, um sich in diesem windigen Westen zu schützen. Der Wassermangel war groß. Lange kannten nur die Indianer und Büffel die wenigen Quellen und wußten sich deshalb im unendlichen Grasmeer zu bewegen und zu behaupten. Ein spanischer Kolonist, der sich hier 1808 von San Antonio nach Santa Fe durchzuschlagen versuchte, notierte: »Es gab nichts als Gras und ein paar Regenlöcher ... Auf der Prärie, wo wir kampierten, mußte man Pfähle für die Anbindung der Pferde einschlagen.« Diese bestückten ein Hochplateau, die High Plains, die sich von hier nach New Mexico erstrecken, eine riesige Mesa an einem Stück, die so aussieht, als sei sie wie ein Sockel aus dem umliegenden Gebiet herausgedrückt worden. »This country's so flat you can see for two days«, heißt eine Redensart.

Lange galt die Gegend als unbesiedelbar. Die Meinung änderte sich erst, als man die Indianer vertrieben hatte. Weiße Büffeljäger rückten nach, und bald entstanden große Ranches. Der berühmte Viehzüchter Charles Goodnight (1836–1929), der sich als Texas Ranger und Erfinder des *chuck wagon* (der bei den Pionieren beliebten Proviant- und Feldküche) einen Namen machte, war der erste, der seine Riesenherde hierher trieb und sich niederließ. Als man unterm Gras fruchtbaren Boden entdeckte, wich das Ranchland mehr und mehr Baumwoll- und Getreidefarmen.

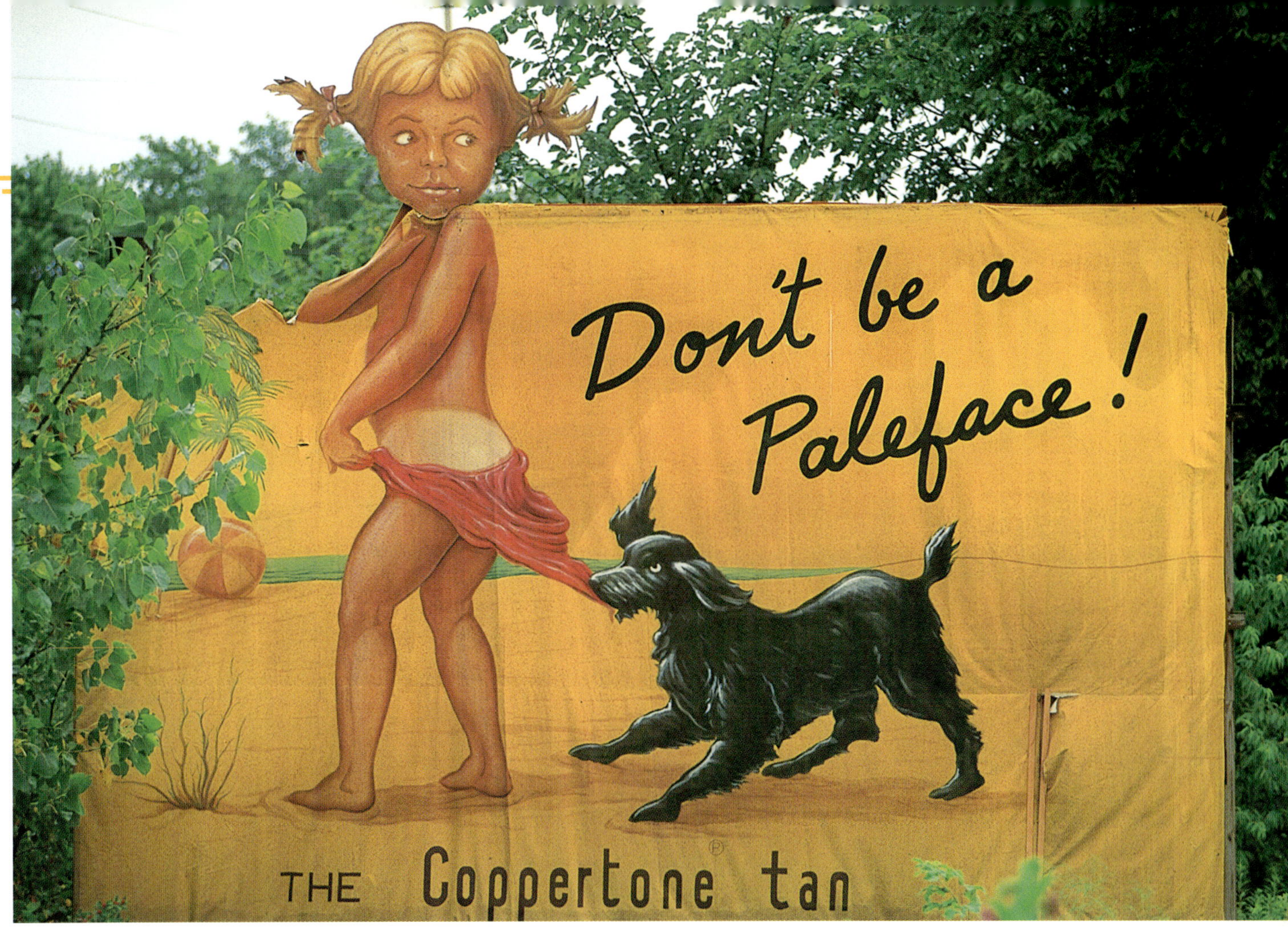

Warnung vor Bleichgesichtern: Sonnencreme-Reklame in Texas

Im Ersten Weltkrieg nahm die Weizennachfrage drastisch zu, und immer mehr Farmer gingen dazu über, die Decke des ehemaligen Büffelgrases zu lüften und die Erde unterzupflügen. Das bot der Winderosion unbegrenzte Angriffsflächen, die Oberbodenverluste gingen schließlich so weit, daß die gesamte Region unter den Sammelbegriff der *Dust Bowl* rückte, deren Elend durch Steinbeck zu literarischen Ehren kam.

Erst nach dem Desaster kümmerten sich die Farmer um effizienteren Windschutz und Bewässerungsmethoden. Heute gehört der *Golden Spread* des Panhandle wegen seiner ausgeprägten Bewässerungskunst zu den fruchtbarsten Gebieten der USA.

Zurück nach Shamrock und dem ersten Eindruck von dieser Geisterstadt. Statt irischem Kleeblattgrün rosten Zapfsäulen vor sich hin an einer Main Street, auf der munter das Gras wächst. Nur das *U Drop Inn and Cafe*, das alte Café in Bau-Einheit mit der Tankstelle, hat sich seit seiner Geburt 1936 inzwischen zum Art-déco-Denkmal gemausert. Lange war Shamrock eine durch und durch irische Kleinstadt an der Route 66, in der Farmer und Ölarbeiter wohnten. Allenfalls am Wochenende brachten ein paar Fernfahrer etwas Leben in die Bude. Wie so oft besiegelte die Umgehungsstraße den Tod der Stadt, ohne sie je beerdigt zu haben.

Überhaupt war nicht nur der neue Straßenbau für das Sterben vieler Kleinstädte verantwortlich, weit verheerender wirkte der wirtschaftliche Bankrott der kleinen Familienfarmen und Ranchbetriebe. Die meisten unter ihnen sind inzwischen hoffnungslos verschuldet, denn sie haben keine Chance gegen die generalstabsmäßig geführten Großbetriebe, gegen die Massentierhal-

Laster mit Longhorn: zwischen Groom und Amarillo, Texas

tung der *corporate farms*, den Maschinenpark und das technologisch hochgerüstete *agribusiness*. Selbstmorde und immer mehr Gewaltverbrechen sind oft die Folge.

McLean. Staub wirbelt durch die menschenleeren Straßen, alles scheint auf die Stunde Null und den *showdown* zu warten. Doch dann ziehen plötzlich dicke schwarze Wolken über der Pampa auf, und Sekunden später zucken schon grelle Blitze am rabenschwarzen Himmel. Es schüttet eimerweise, aber die Abkühlung tut den stickigen Motelzimmern gut, weil Air-conditioning hier noch ein Fremdwort ist. Piepsend reiben sich die Zikaden die Hände und konzertieren die ganze Nacht hindurch, während in der Ferne die Laster lärmen. Wie festlich beleuchtete Musikdampfer ziehen sie im Dunkel der Nacht ihre Bahn.

Stadtauswärts breiten sich karge Grassteppen aus. Nur dort, wo sie sich in Senken vor dem Wind ducken können, wagen sich Büsche und Bäume vor. Kleine *washes* und Canyons schlängeln sich durch die Ebene, und die für den Westen typischen Windräder rotieren für Wasserpumpen. Irgendwo geht es nach Pampa. Das paßt.

Wenn man in Amarillo jemandem begegnet, der wie ein Cowboy aussieht, kann es passieren, daß er auch einer ist. Die große Wahrscheinlichkeit, daß jemand oder etwas echt ist, trägt dazu bei, daß in dieser rund 1 000 Meter

hoch gelegenen und 1887 gegründeten Metropole des Panhandle, die aus einer *ragtown* genannten Zeltstadt herauswuchs, noch der selbstzufriedene und familiäre Ton des Old West kursiert. Wer hier wohnt, nennt seine Stadt *The Yellow Rose of Texas*. Verständlicherweise. *Amarillo* heißt nun mal »gelb« auf spanisch, und auch das Wasser des nahen Creek trägt diese Farbe.

Bodenständigkeit und Viehauktion passen besonders gut zusammen, was sich vor Ort feststellen läßt. Von romantischer Schwärmerei und Cowboy-Mode keine Spur. Alles dreht sich um propere Bullen, nüchterne Kaufleute und harte Dollars. Über 70 Prozent aller texanischen Rinder wechseln in Amarillo den Besitzer. Neben dem Viehhandel rühmt sich die Stadt, Zentrum der nordtexanischen Öl- und Gasindustrie und Sitz der weltgrößten Heliumfabrik zu sein. Auch für ästhetische Tupfer ist Platz. Immerhin leistet man sich ein Sinfonieorchester und eine Ballett-Truppe. In Downtown hat der steinreiche Kunstmäzen, Stanley Marsh 3, Sponsor der Cadillac Ranch, Verkehrsschilder witzig verfremden lassen.

Gemütliche Cafés und Souvenirläden säumen die 6th Avenue im Old Jacinto Distict, und vor der Tür liegt der Palo Duro Canyon, der einen idealen Einstieg in die wundersamen Steinwelten des amerikanischen Südwestens bietet. Brettgerade führt der Texas Plains Trail dorthin. Kein Berg, nicht mal ein Hügel. Wo kann hier überhaupt ein Canyon sein? Damit wird klar, wie

Typische »Phillips 66« Tankstelle in McLean, Texas

Mona Lisa, texanisch – Straßenkunst in Amarillo

Von Tucumcari nach Las Vegas, New Mexico

Stonehenge, USA: die »Cadillac Ranch« bei Amarillo

Tecolote am Rande der Plains, wo sich die Comanchen mit spanischen Händlern trafen, um mit Sklaven, Waffen und anderen Sachen zu handeln. Die Comanchen versetzten auch die Pueblo-Indianer mitunter in Furcht und Schrecken, wenn sie auf ihren herbstlichen Raubzügen nach Süden kamen und unterwegs alles mitnahmen, was sie kriegen konnten. In dieser Jahreszeit hieß der Vollmond *Comanche Moon.*

Langsam beginnen sich die kahlen Sangre de Cristo Mountains immer klarer abzuzeichnen, was die Schienenleger der AT & SF dazu bewegt haben mag, die Kurve zu kratzen. Sie machten einen scharfen Linksabbieger und steuerten statt der alten Hauptstadt Santa Fe lieber Lamy an.

In Rowe führt der Highway unter der Interstate hindurch zum Pecos National Historical Park. Dort windet sich ein Trail durch die Ausgrabungen zur restaurierten Kiva und der Kirchenruine dieses Pueblo, der seit dem 14. Jahrhundert nicht zuletzt wegen seiner strategisch günstigen Lage zwischen dem fruchtbaren Rio-Grande-Tal und den Büffel-Plains im Osten als ein Zentrum der Landwirtschaft und des Handels entstand. Um 1450 wurde die Siedlung zu einer fünfstöckigen Festung ausgebaut, um verschiedenen Indianer-

Pressestelle: Zeitungsmann in Santa Fe

»Ballet folklórico« auf der Santa Fe Plaza

stämmen Schutz vor nomadischen und oft kriegerischen Stämmen der südlichen Plains zu bieten.

Die Spanier, die mal in offen kriegerischer, mal in kolonialisierend-missionarischer Absicht vor den Toren aufkreuzten, bauten mit Hilfe der Indianer zwei Missionskirchen. Die erste überlebte nicht, von der zweiten stehen noch monumentale Mauerreste. Sie müssen einst zu einem mächtigen Bauwerk gehört haben. Es heißt, 300 000 Lehmziegel sollen zur Ehre Gottes dabei verbaut worden sein. Geholfen hat die Bauwut den Indianern freilich nicht. Ihre religiöse Freiheit wurde eingeschränkt, Tribute wurden fällig, und Epidemien sorgten für Massensterben.

Verständlich, daß sich neben anderen Pueblos am oberen Rio Grande auch Pecos 1680 am Indianeraufstand beteiligte; aber bis zur endgültigen Unterwerfung durch die Reconquista hatte man sich gerade mal zwölf Jahre Ruhe und Unabhängigkeit erstritten. Erst Mitte des 18. Jahrhunderts schweißten die Comanchen-Überfälle Pueblo-Indianer und Hispanier zusammen. Dennoch war der Niedergang der Siedlung auf Dauer nicht zu stoppen. 1838 zogen die letzten Pecos-Indianer nach Jemez westlich des Rio Grande, weil dort dieselbe Sprache gesprochen wurde.

Ein Stück hinter Pecos gibt die Straße ihr Bestes. Augenweiden weit und breit, bestückt mit goldig glühenden Cottonwood-Bäumen, leuchtenden *chamisas* und violetten Wildblumen mit dem Namen *Astor*. Dann schlüpft der Highway erst einmal bis Canoncito bei der schnellen Interstate unter, das heißt, er tut sich praktisch mit ihm zusammen. Durch den Tempowechsel pfeift jetzt der trockene Wind besonders heftig durch die Autoritzen, genau so, wie das die Leute hier brauchen, damit das gehackte Holz trocknet. Nichts ist schlimmer, als den Wintereinbruch mit feuchtem Holz zu erleben.

Der Waldreichtum ringsum ist der Fuchtel des National Forest Service zu verdanken, der die Bäume vor den Abholzbedürfnissen der Bewohner

V

Santa Fe im Winter. Auf den Dächern stehen um die Weihnachtszeit zahlreiche »luminarias«, leuchtende Kerzen in sandbeschwerten Tüten

Gedicht aus Lehm: Missionskirche im Isleta Pueblo (unten)

bewahrt. Wo immer die schützende Hand des Staates fehlte, sind die Bestände rasch dahingestorben und haben Weideflächen hinterlassen, die bestenfalls für Ziegen ausreichen.

Wenig später besinnt sich die Route 66 auf ihre Ursprünge. Sie trennt sich von der schnellen Transitstrecke und geht als Old Las Vegas Highway mit weiteren alten Trampelpfaden ein Stück gemeinsamen Wegs: mit dem Old Pecos Trail und dem Santa Fe Trail. Über den ersteren wurden einst Viehherden aus Texas in die Bergbaustädte von Colorado getrieben, wo großer Fleischbedarf herrschte. Letzterer entstand im selben Jahr, als sich Mexiko von Spanien löste, nämlich 1821. Zu Recht gilt er daher als die erste »Hauptstraße« in den Westen der USA.

»On the road again« – going West in New Mexico

New Mexico bildete damals das wirtschaftliche Schlußlicht in Spaniens Neuer Welt. Wenn die Farmer etwas zu verkaufen hatten, fuhren sie über den Camino Real, den Haupthandelsweg entlang dem Rio Grande über El Paso nach Chihuahua – und erzielten schlechte Preise. Was sie zurückbrachten, war auch nicht viel. Verständlich, daß die Händler, die nun plötzlich aus Franklin oder später aus Independence, Missouri, kamen, auf willige Käufer stießen und mit offenen Armen empfangen wurden.

Die Karawanen aus bepackten Conestoga-Wagen, die es trotz schwerer Regenfälle und Präriefeuer geschafft hatten, brachten Glas, Werkzeuge, Eisentöpfe und -pfannen, feine Baumwollprodukte, Toilettenartikel für die

Damen, aber auch Bücher, Sherry und Champagner aus dem Osten und fuhren mit Büffelhäuten, Pelzen, Pferden, Eseln, Maultieren und Silber wieder zurück. Manche Händler zogen auch von Santa Fe aus weiter über den Camino Real nach Süden. Mit der Fertigstellung der AT & SF Railroad im Jahre 1879 starb der Ochsentrail.

Eine bessere Reisedramaturgie, als über den alten Trail in die Stadt zu kommen, läßt sich gar nicht denken, denn er sorgt wie eh und je für die schönste Einfahrt nach Santa Fe, vorbei an beschaulichen Lehmburgen und der alten San-Miguel-Kirche zum Ziel am Ende des Trails und ins Herz der Stadt, der Plaza. Hier trifft und kreuzt sich alles, was Santa Fe seine Vielfalt verleiht, ein idealer Ort zum Sitzen und Schauen, ein Treffpunkt, aber auch ein Platz,

Die alte Straße in Albuquerque (Central Avenue)

der emsig umkurvt wird – von zerbeulten Pick-ups, ordentlichen Mietwagen, eiligen Biertransportern, hispanischen *low riders* oder *high rollers*. Man hört Englisch, Spanisch und indianische Sprachen querbeet. Beim Palace of the Governors haben die Indianer der umliegenden Pueblos ihre Decken ausgebreitet und bieten Schmuck an.

Die Stadt des »heiligen Glaubens« wurde 1610 von Don Pedro de Peralta gegründet und ist damit die älteste europäische Siedlung westlich des Mississippi. Schon nach wenigen Minuten wird klar, daß dieses Santa Fe einfach die Hauptstadt des Milden Westen sein muß, denn kaum eine andere in der gesamten Region verdichtet deren kulturelle Bausteine so sinnenfällig wie

Leicht verblichen zieht die Route 66 neben der Interstate bei Albuquerque noch ihre Bahn (oben)

Ramponiert: ein altes Schild in Gallup, New Mexico (rechts)

Der Hase mit den langen Löffeln, der für einen Trading Post in Arizona wirbt, gehört zum festen Bestand der Zeichen an der Route 66 (rechts oben)

Kingman Hauptbahnhof (rechts unten)

Joseph City, Arizona
HERE
IT IS

HERE
IT IS

Kingman

einandertreibt. Viele junge Indianer wandern in die Städte ab; meist kehren sie nur am Abend oder an den Wochenenden und zu religiösen Festen in ihre Siedlungen zurück. Auch die Verkehrs- und Transportgewohnheiten unterliegen dem Wandel, seit die Pick-ups die Rolle der Pferde übernommen haben.

Tiefgreifender wirkt sich das Fernsehen aus. Es ruiniert nicht nur die Kunst des Erzählens, sondern überhaupt die ausschließlich mündliche Tradierung von Mythologie, handwerklicher Kunst und Erfahrung. Viele Pueblos wehren sich deshalb nach wie vor gegen die Übernahme von TV-Anschlüssen, manchmal gegen die Stimmen im eigenen Lager. Einige Dörfer haben bereits Fernsehen, die meisten noch nicht.

Überlebt haben dagegen das Kunsthandwerk, die einzige Erwerbsquelle der im Pueblo Verbliebenen, die mal mehr konservative, mal liberalere Dorfgemeinschaft, die eigene Sprache, die Tänze und die seit dem Besuch der Spanier bestehende Koexistenz von christlicher Missionskirche und Kiva, dem traditionellen Ort des rituellen Lernens und der zeremoniellen Veranstaltungen der Männer, stets strikt *off limits* für weiße Besucher.

Route-66 Kultkneipe in Kingman, Arizona

Western Trio in Valentine, Arizona

Die Balance zwischen Tourismus und Tradition stellt sich auch sonst nicht von selbst ein. Zwar bringen die Besucher den Indianern wichtige Einnahmen, aber sie bestärken zugleich die gängigen Klischees. Manche (nicht alle) Zeremonialtänze werden ausschließlich für Touristen inszeniert und hinterlassen meist den schalen Geschmack der Vermarktung.

Der erste Abzweiger zu einem der 19 Pueblos am oberen Rio Grande führt nach Cochiti, dessen Bewohner als Meister im Bau von Trommeln bekannt sind. Im Reservat liegt auch der Cochiti-Stausee, der die erfrischende Chance bietet, in dieser Halbwüste auch segeln, windsurfen und baden zu gehen. Wie Cochiti haben inzwischen auch andere Indianerstämme der Südwestregion im Bereich von Sport und Freizeit Zusatzgeschäfte entdeckt. Neuester Trend: Spielcasinos, die auf Reservatsboden erlaubt sind, weil sie zwar gegen Staats-, nicht aber gegen Bundesgesetz verstoßen, an das die *American Indians* allein gebunden sind.

Kurze Zeit später folgt der Santo Domingo Pueblo, wo Traditionen besonders hochgehalten werden. In den Schulen ist zweisprachiger Unterricht untersagt; die Kinder lernen ihre Sprache Keresan. Alle Bewohner haben abends rechtzeitig in den Pueblo zurückzukehren, und niemand darf Indianer anderer Pueblos heiraten. Wer es dennoch tut, muß außerhalb des Dorfes wohnen. Die rund 3 500 Santo-Domingo-Indianer leben von der Landwirtschaft und vom Kunsthandwerk. Traditionelle Keramik und Silberschmuck – erkennbar an den strengen geometrischen Formen ihres Designs – spielen von jeher die größte Rolle.

Dann rückt die 66-Spur dem Rio Grande näher, vorbei an den Adobehütten und Kirchen von Algodones, einem hübschen Beispiel für das *rural* New Mexico. Der Ortsname kommt vom spanischen Wort für Baumwolle, die hier auch um die Mitte des vorigen Jahrhunderts gewachsen sein soll. Vielleicht haben aber auch die vielen Cottonwood-Bäume ringsum bei der Namens-

Berühmteste Ecke in Arizona: Die »Eagles« haben sie in ihrem Song »Take It Easy« einst besungen – 2nd & Kinsley Streets

findung Pate gestanden. In Flußnähe dominieren Landwirtschaft und schöne Laubbäume, die besonders im Herbst viel hermachen, Bewässerungsgräben, durch die man dem Rio Grande Wasser abzapft – alles Dinge, von denen man nichts ahnt beim Anblick der kargen Szenerie, auf die das Land aus der Fernsicht der Interstate zusammenschrumpft.

Kurz vor Albuquerque türmen sich die Abhänge der Sandia Mountains, die sich wegen ihrer Skigebiete und archäologischen Funde einen Namen gemacht haben. Peu à peu nimmt die Landstraße in Albuquerque städtische Züge an: erst ländliches Durcheinander aus *car washes*, Ziegen und einem *Cavalier Motel*, von dem nur noch das Schild steht, dann der obligatorische Shopping Strip und schließlich Downtown mit bräunlichen, halbherzigen Hochhäusern, die klotzig und leblos wirken. Lebendiger wird's erst weiter südlich, im hispanischen Teil, mit Art-déco-Resten, alten Heiligenbildchen und neuen Wandmalereien.

In Albuquerque lebt fast ein Viertel der neumexikanischen Bevölkerung, was nicht heißt, daß daraus gleich eine Metropolis wird. Denn mit knapp 400 000 Einwohnern hält sich Albuquerque zwar nicht in engen räumlichen, aber in Grenzen im übertragenen Sinn – sie ist das moderne und ziemlich reizlose Pendant zu Santa Fe, ein Raumfahrt-, Nukleartechnologie- und Computerzentrum, kurz die neue *Silicon Desert*, verkehrsgünstig gelegen, aber halt kein Traumziel.

»*Twin Arrows*«: *das Zwillingspärchen aus dem All*

Die erste konkrete Begegnung mit dem Rio Grande zeigt, daß er alles andere als *grande* ist. Je nach Wasserstand umspült er oft nur müde ein paar Sandbänke. Er zeigt sich selten spektakulär, denn seine ganze Wasserkraft verbraucht er sozusagen am Rande, wo er alles Leben zum Grünen und Blühen bringt. Eine Schotterstraße führt zum Isleta Pueblo mit der prächtigen St. Augustine Mission aus dem 17. Jahrhundert. Dann schwingt sich die Straße nach Westen in die Einöde der neumexikanischen Halbwüste. Im Nu erweitert sich das Panorama zu einem Breitwandbild im 360-Grad-Winkel: endlose Ebenen voller Wildblumen, betupft mit Juniper- und Piñon-Büschen, durchfurcht von kleinen *washes*, diesige Bergsilhouetten und Mesas am Horizont, während der Smog am Fuße der Sandia Mountain Range von Albuquerque nur noch den Rückspiegel trübt.

Spätestens an der Laguna Indian Reservation zeichnet sich das silbrige Dachgeschoß des Mount Taylor in der Ferne ab, weil dort oben, in knapp 4 000 Meter Höhe, keine Bäume wachsen. Den Navajo-Indianern, die ihn *Turquoise Mountain* nennen, gilt er als heiliger Berg.

Als Dritter im Bunde von Interstate und Eisenbahn sammelt die alte Route 66 auch weiterhin landschaftliche Pluspunkte, meist durch größere Nähe: zu den Loks der Santa-Fe-Eisenbahn, den gelben Chamisa-Büscheln und den violetten Astorblüten. Die Fahrspur windet sich um die steilen roten Felszinnen herum, während die Interstate gnadenlos hindurchprescht.

Mitternacht in Kingman

Lautstärke) der bisherigen Route-66-Bevölkerung unterscheiden, Santa Fe einmal ausgenommen. Das Umfeld wirkt eher europäisch und weit entfernt vom Mittleren Westen: Birkenstock und New-Age-Literatur, therapeutische Massagen und Schwangerschaftshilfen, Bioläden und vegetarische Restaurants. Die Universität strickt besonders am Flair von Flagstaff mit. Beim Straßenfest am Samstagabend rockt die Band mit aller Kraft gegen das Geheul der Santa-Fe-Eisenbahn an. Aber die rächt sich. Wie mit den Trompeten von Jericho fährt sie zwischen die Rockmusik, so als könne sie sie partout nicht leiden.

Nachts nehmen die röhrenden Hirsche der Eisenbahn selten Rücksicht auf das Schlafbedürfnis, aber ihr Weckdienst trägt zumindest dazu bei, daß man frühe Sonne und die klare Bergluft nicht verpaßt, denn beide sind gerade in Flagstaff vom Feinsten. Schnell verdrückt sich die Route 66 stadtauswärts und taucht ein in die umliegenden Bergwälder. Erst die anschließende Interstate schafft deshalb den Überblick von der fast 2 500 Meter hoch liegenden *Arizona Divide* über bewaldete Täler, Hänge und Bergkuppen.

Rund um den kompakten Downtown-Block wirkt Williams sehr aufgeräumt und freundlich. Zwei Straßen teilen sich das Erbe der Route 66, je nachdem, aus welcher Himmelsrichtung man kommt: Railroad Avenue sorgt für den Verkehr von Osten nach Westen, Bill Williams Avenue, benannt nach einem Pelztrapper, für den in umgekehrter Richtung. Vielleicht gründet die Vitalität des seit 1881 bestehenden Örtchens darauf, daß es erst ziemlich spät, 1984, von der Interstate umkurvt und links liegengelassen wurde, die letzte Stadt an der Route 66 übrigens, der dies widerfuhr. Zunächst glaubte man, das sei's gewesen. Aber ungezählte Arbeitsstunden freiwilliger Helfer flossen in die Stadterneuerung, und viele historische Gebäude krochen unter den Deckmantel des Denkmalschutzes. Vom Bahnhof dampft nun schon fast hundert Jahre lang der Dampfzug zum Grand Canyon. Nicht umsonst nennt sich Williams *Gateway to the Grand Canyon*. Auch heute noch bietet die Nostalgie-Tour (mit Entertainment an Bord) eine willkommene Gelegenheit, einen autofreien Tag einzulegen.

Das Schild von Ash Fork bescheinigt den Höhenabfall: Die ehemalige Verladestation für die Erze aus Jerome liegt nur noch 1 700 Meter hoch. Das ansehnliche Nest besteht aus ein paar alten Motels, einer kleinen weißen hölzernen Baptisten-Kapelle und sonntags vielen Kindern auf der Straße. Am Ortsausgang scheint der *Crow Bar Grill* mit zwei gemalten schwarzen Raben am Eingang noch ebenso gut besucht wie die Kirche. Anderes dagegen ist verwaist, verbrettert und hat, wie auch das *White House Hotel*, bessere Tage gesehen. Goldgelbes, von Wildblumen gesprenkeltes Ranchland folgt, begleitet von Gräsern, die aus dem Asphalt wachsen. Ab und zu läßt der Wind einen Tumbleweed-Busch tanzen, oder ein Moppel flitzt über die Straße.

Seligman entspricht so richtig dem Geschmack der Fans: *66 Motel*, *Historic 66 General Store*, der legendäre *Snow Cap Drive-In*, Antiquitätenläden – ein komplettes, geschickt geliftetes Schaufenster der Nostalgie. Daß die 1886 gegründete Eisenbahnsiedlung ihr automobiles Erbe so lupenrein bewahrt hat, geht vor allem auf das Konto des hier ansässigen Friseurs Angel Delgadillo, seiner Familie und Freunde. So wie er sahen viele 66-Veteranen den Highway nicht bloß als Straße, sondern als Lebensader einer großen Gemeinde, die unter keinen Umständen sterben durfte.

Imposante Western-Panoramen säumen die Strecke nach Peach Springs, ins Reservat der Hualapai-Indianer. 700 Stammesmitglieder setzen hier ihre jahrhundertelange Armut fort – die der nomadischen Sammler und Jäger. Rund 65 Prozent sind heute arbeitslos und erhalten Lebensmittelkarten. Das CAFE-Schild ist kaputt, die Tankstelle dicht. Auch sonst tut sich nicht viel Erfreuliches, nur ein paar Indianerkinder düsen auf Mountainbikes herum. Die Ortsnamenforschung führt zu den Pfirsichen, die tatsächlich hier in der Gegend wuchsen und wahrscheinlich von den Mormonen gepflanzt wurden.

Erst Hackberry bringt etwas Schwung in den Wüstentrip, denn das *66 Center* entpuppt sich als der unterhaltsame Kramladen eines ökologischen Wanderpredigers, als eine Art Reliquienschrein oder Wunderkammer, die zu erkunden jedem freisteht, der eintritt und dem der ebenso schrullige wie redselige Hausherr Bob Waldmire kostenlos Kaffee serviert. Ab und zu verläßt er sein Domizil und fährt mit dem Bus die Route 66 ab, um für mehr Umweltbewußtsein zu werben. Zum Abschied darf man an seinem selbstgemachten *66 Chili Mix* riechen, den er in Einweckgläsern aufbewahrt. Und einen guten Rat gibt's auch noch mit auf den Weg: möglichst langsam fahren und auf die Tiere achten! Wer auf der Route 66 bis hierher gekommen ist, weiß, wovon der Mann redet.

An der Stadtgrenze von Kingman nennt sich Route 66 klangvoll *Andy Devine Avenue*, zum Andenken an den hier geborenen populären Komiker und Schauspieler der 40er und 50er Jahre, von dem immer noch ganz Kingman redet. Daß die 1882 gegründete Stadt mit heute 15 000 Einwohnern allein durch die Eisenbahn auf die Landkarte kam, kann man noch immer sehen und hören, weil die Geleise mitten durch den Ort laufen, meist begleitet vom Rattern der Güterwaggons.

Ausgebucht: Motel in Seligman

Finale

Nach Kalifornien

»Die Mojave ist eine große und erschreckende Wüste. Man könnte meinen, die Natur erprobe die Ausdauer und Beharrlichkeit eines Menschen, ehe sie ihn für gut befindet, ihn nach Kalifornien zu lassen.«

John Steinbeck

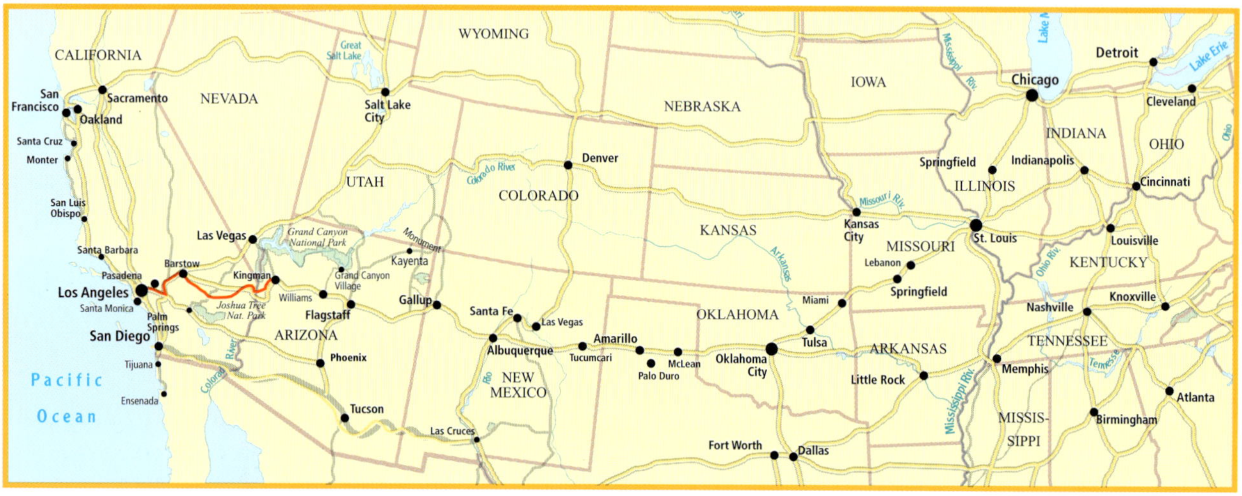

Wasserturm und *DZ Diner*, letzterer mit traditionellen Route-66-Menüs, huschen vorbei, bevor sich der Highway von Kingman trennt. Kameradschaftlich Seite an Seite mit den Schienen windet er sich durch den engen Canyon, um sich anschließend auf einer Wüstenpiste im Geröll zu verlieren, dessen Kargheit nur noch von der düsteren Bergfront am Horizont übertroffen wird. Während vereinzelt Yuccas, Ocotillo-Sträucher und *washes* Akzente ins Einerlei setzen, schraubt sich die Straße Meile für Meile in die bis dahin undurchdringlich wirkende Felswand der Black Mountains hinein. Steigung und Kurven sind sicher nicht jedermanns Sache. Die armen Kerle, die sich einst von Chicago bis hierher durchgeschlagen hatten, werden ihres Lebens hier kaum froh geworden sein.

Ed's Camp besteht aus einem schrulligen Schrottlager aus Wellblechen und anderen Secondhand-Materialien. Halb Mülldeponie, halb Eigenheim, in jedem Fall aber einladende Servicestation. Die Aufschrift *Kactus Kafe*

Wie in alten Zeiten schlägt sich die Route 66 durch die Black Mountains von Arizona

klingt jedenfalls danach. Jenseits vom Sitgreaves Pass folgen die verlassenen Campruinen von Goldroad, in deren Umkreis eine neue »Goldstraße« zu entstehen scheint. Jedenfalls verschanzt sich hier eine Goldgräberfirma hinter Stacheldraht und NO TRESPASSING-Schildern. Gerüchte im benachbarten Oatman passen dazu: Unter Einsatz beträchtlichen Kapitals würde hier nach Gold gegraben. Ein Vorhaben, das der Ort selbst längst hinter sich hat, denn statt nach Goldadern zu buddeln, hält man sich lieber an neue Schätze, die sich im wesentlichen auf der Durchreise befinden: an Touristen, Künstler und Esel.

Die Stacheln der Kakteen, im Gegenlicht gesehen, beleuchten den Weg nach Oatman, das, eingekesselt von den massiven dunklen Spitzen der Black Mountains, exakt so aussieht, wie man sich eine Westernstadt vorstellt: viel Holz, falsche Fassaden und Gehsteige aus Planken. Gewöhnlich trotten ein paar Esel über die Straße und bauen sich störrisch vor den Schwingtüren der Restaurants auf: *lunch time*. Bei näherem Hinsehen erweist sich jedoch die Westernkulisse für diverse Hollywood-Streifen als ein reichlich kommerzieller Markt für T-Shirts und Andenkenkitsch. Selbst Ruppiges gehört zum Dekor, beispielsweise der Galgenstrick, der kopflos über der Boutique baumelt. An Wochenenden kommt Leben in die Bude, wenn Straßenbands den Ausflüglern einheizen und die *Oatman gunfighters* herumballern und mit rauhbeinigen Stunts durchs Gelände turnen. Im April lassen sie gar den touristischen Bär los. Dann vertreiben sich die Fans des *Historic Route 66 of Arizona Association Fun Run* mit allerlei Auto-Show-Gaudis die Zeit.

Bald erkennt man die grünen Spuren, die das Wasser des Colorado River im Tal hinterlassen hat. Außer zartem Grün im Flußbereich überwiegen dunkle Brauntöne, während im Vordergrund wieder kecke Kakteen für Abwechslung sorgen. Vielleicht meinten ja die Pioniere angesichts der grünen Oase, das ersehnte Ziel endlich erreicht zu haben. Doch die dahinter aufragende neue Bergkette mußte Zweifel aufkommen lassen.

Service ist immer gefragt. Ed's Camp am Weg nach Oatman

Durch den näherrückenden Colorado, genauer gesagt die Topock Marsh, bereichern plötzlich auch Palo-Verde-Sträucher die Wüstenflora. Dieses Marschland, die nördliche Verlängerung des gestauten Lake Havasu, steht unter Naturschutz. Es wurde Anfang der 40er Jahre, nach Fertigstellung des weiter südlich gelegenen Parker Dam, als Lebensraum für Wachteln, Tauben und Biber eingerichtet. Am Ortschild von Golden Shores kann man endlich den Colorado River sehen. Golden Shores? Na ja, jedenfalls bieten vereinzelte Wohncontainer und ein paar Route-66-Relikte wenig Anlaß anzuhalten. Auch die Palmen nicht, die ersten übrigens auf der Strecke. Als Entschädigung versucht die Straße mit hellgrünen Flußauen, Palo Verde, zarten *smoke trees* und anderen flauschigen Gewächsen ein gefälliges Intermezzo zwischen viel lebloses Gestein zu zaubern, während sich voraus die zackigen Needles Mountains abzeichnen, die der Stadt ihren Namen gegeben haben. Früher dienten diese »Nadeln« den Pionieren als Signal dafür, daß Wasservorräte in der Nähe waren.

Parallel zur Eisenbahnbrücke verläuft in der Höhe von Topock noch die alte Stahlbrücke, die früher die Route 66 trug und die heute eine Pipeline über den von flitzenden Motorbötchen zerfurchten Fluß führt. WELCOME TO CALIFORNIA bedeutet erst einmal STOP, denn die landwirtschaftlichen Inspektoren des *Golden State* wollen genau wissen, was die Autos so einschleppen. Alle müssen deshalb halten und die Frage über sich ergehen lassen, wo sie herkommen und ob sie frisches Obst oder Gemüse dabeihaben – Fragen übrigens, die schon der Familie Joad aus den *Früchten des Zorns* gestellt wurden, als sie unterwegs nach Kalifornien waren.

Die Fahrt durch Needles spielt einmal mehr das inzwischen bekannte Route-66-Repertoire durch: Reste und Ruinen aus besseren Tagen säumen den Broadway. Ein kleiner Schlenk um den Santa Fe Park beschert dekorative Palmen, hellgrüne *smoke trees*, olivgrüne *pepper trees* und Oldtimer wie El Garces – ein leerstehender und deshalb ergrauter Bahnhof – und, wie könnte es anders sein, ein Harvey-Hotel. In der Platzmitte thront eine Kanone,

Schiene …

… und Straße …

... ziehen gemeinsam durch die flimmernden Wüsten im Grenzland von Arizona und Kalifornien

Letzte Chance für Wildwest-Nostalgiker: das »Wigwam Motel« in Rialto, Kalifornien

Pancakes in Pasadena – kein kulinarisches Spitzenprodukt, aber füllend

Palmenköpfen, die sich im lauen Lüftchen wiegen, und vom neubarocken Rathausturm, der sich in den blauen Himmel reckt. Er überblickt Pasadena, die »Krone des Tals«, wie es die Indianer nannten. Nach den Gabrielo-Indianern und den Mexikanern kam erst ab 1874 Bewegung in den Ort, als die *San Gabriel Orange Grove Association* batzenweise altes Rancho-Land erwarb, um es an Zitrusfarmer weiterzuverkaufen. Eine Weile blühte die landwirtschaftliche Gemeinde inmitten von Orangen-, Oliven- und Eichenbäumen.

Straße der »Rosenparade«: Colorado Boulevard, Pasadena

In den 80er und 90er Jahren rollte dann die Eisenbahn heran, und der ihr folgende Landboom verwandelte die Kolonie um die Jahrhundertwende in einen Winterkurort für betuchte Ostküstler. Lukrative Grundstücke, elegante Bungalows und feine Hotels, Rosenparaden und Zitruskultur, Sonne und schneebedeckte Berge vereinten sich zu einem komfortablen Eden, das den Ruf verbreitete, ein Spielplatz der Reichen und eins der schönsten Wohngebiete in den USA überhaupt zu sein. Dollarkönige, die mit elektrischen Straßenbahnen wie Henry E. Huntington oder Kaugummis wie William Wrigley ein Vermögen gemacht hatten, legten hier die Grundsteine für ihren Platz an der Sonne.

Heute ist Pasadena der Gründer-Euphorie entrückt und vor allem ethnisch stärker gemischt als je zuvor. Runde 20 Prozent der Bevölkerung sind Schwarze, etwa 18 Prozent mexikanischer Abstammung. Außer den gepflegten Residenzen und der Rosenparade trägt das unter Naturwissenschaftlern renommierte California Institute of Technology zu Pasadenas guten Namen bei, vor allem durch seine Nobelpreisträger. Auch Albert Einstein hat hier unterrichtet.

Im Stil der Missionsarchitektur: Castle Green Apartments, Pasadena

Nichts ist angenehmer, als einen langen Fahrtag in Old Town Pasadena ausklingen zu lassen, wo das Leben in Straßencafés, Kinos, Pool- und Sports Bars pulsiert. Voll im Trend und entsprechend gut besucht sind *Starbucks*, *Banana Republic* und Dutzende von italienischen, mexikanischen, indischen und Sushi-Restaurants, die um die Gunst der Gaumen wetteifern.

Das Tal der Rosen ist so vielseitig, daß man sich vor dem Endspurt ruhig noch ein bißchen Zeit gönnen sollte. Die duftenden Bäckereien in Old Pasadena locken ebenso zum Verweilen wie dessen Shops oder jene entlang South Lake Avenue. Freunde der Baukunst finden in Pasadena erst recht Anhaltspunkte: die verspielten und ein wenig an 1001 Nacht erinnernden Castle Green Apartments, das Vorzeigestück kalifornischer Bungalow- und Handwerkskunst, das Gamble House, ja, sogar der alte Bahnhof der heutigen Amtrak Station, um nur ein paar Beispiele zu nennen.

Gegen Mittag öffnen die Museen, die selbst in der hochkarätigen Museumsszene von Los Angeles einen hervorragenden Namen haben. Ja, und dann die einzigartigen Parkanlagen rund um die Huntington Library, Art Gallery & Botanical Gardens im Ortsteil San Marino. Ob zwischen borstigen Kakteen oder edlen Lilien, unter hohem Bambus oder im lieblichen Gazebo, umringt von über tausend verschiedenen Rosenarten – überall fühlt man sich von der hektischen Go-Go-Welt Südkaliforniens angenehm entrückt. Schöpfer der Oase war Henry E. Huntington, Neffe und Erbe des Eisenbahnmoguls Collis P. Huntington, der sich im Eisenbahngeschäft in San Francisco eine goldene Nase verdient hatte. Nach dem Tod des Onkels zog Henry 1900 nach L.A. und investierte in den Aufbau eines bis dahin in den

USA beispiellosen öffentlichen Nahverkehrsnetzes elektrischer Straßenbahnen, die unter anderem Pasadena, Santa Monica und Long Beach miteinander verbanden. Streckenbau und Landkauf gingen dabei so mühelos Hand in Hand, daß Huntington rasch zum größten Landbesitzer der Region aufstieg. Als Pensionist mauserte er sich vom Geld- zum Kunstsammler und baute die San Marino Ranch zur Visitenkarte aus. Als passende Garnierung seiner Schatztruhe in Gestalt hochkarätiger Kunstsammlungen entstand ein schöner Garten nach dem anderen.

Ausstellungsschwerpunkte bilden die Art Gallery mit vorwiegend britischer, aber auch französischer Kunst des 18. und 19. Jahrhunderts; die Huntington Library, die wegen ihrer seltenen Bücher und Handschriften vor allem unter Philologen geschätzt wird (unter anderen eine frühe Ausgabe der

Fernost trifft Südwest: Besucher in den Botanischen Gärten der Huntington Library

L.A. und seine berühmte Piste: der Sunset Boulevard

Butterfield
&
Butterfield
Gardner

Nomen est omen: Ortsschild am Mount Lee der Hollywood Mountains

Dramen von Shakespeare, ein Manuskript von Chaucers *Canterbury Tales* und eine Gutenberg-Bibel); und die Scott Gallery, die der amerikanischen Kunst zwischen 1730 und 1930 zugetan ist. Der Kameliengarten, bereichert durch italienische Brunnen und Skulpturen, ist ein besonders stilles Plätzchen, um Kraft zu schöpfen für den energiefressenden Koloß Los Angeles.

Die Schluß-Etappe startet an der Ecke Colorado Boulevard und Arroyo Parkway. Letzterer mutiert in südlicher Richtung zum Pasadena Freeway, einer fast beschaulich anmutenden alten Autobahn, die 1940 als erste des L.A.-Systems mit Pomp und Jubel als *Highway of Tomorrow* eröffnet wurde. Eine Frau hatte ihn mit Rücksicht auf bestehende Bauten und natürliche Topographie entworfen, was ihr später den Vorwurf einbrachte, viel zu viele Kurven angelegt zu haben, die eine männliche Planung selbstverständlich gerade gebogen hätte. Heutzutage wirken die Auf- und Abfahrten extrem haarscharf, denn sie waren auf das Tempo des damaligen Verkehrs zugeschnitten: 5 m.p.h. zum Beispiel ist ausgeschildert – ein nicht ganz fließender Generationswechsel des Verkehrs, obwohl doch die Route 66 spurlos unterschlüpfen konnte.

Beverly Hills, was sonst …

Sie vereinnahmt anschließend sogar den wohl berühmtesten Parcours der Westküstenmetropole, den Sunset Boulevard. Aber von Glamour fehlt erst einmal jede Spur. Statt dessen gleitet eine ziemlich schäbige Kraut-und-Rüben-Strecke von Telefonmasten und Reklamezeichen, Holzhütten und flachen Ziegelsteingebäuden vorbei, durchwirkt von Tankstellen, Holzläden, Autowerkstätten und kleinen Apartmentkomplexen. Der Sunset – eine Traumstraße? Nein, eher ein *Boulevard of Broken Dreams*. In der Gegend von Echo Park, wo asiatische Chiffren an den Geschäften wuchern, bessert sich sein Outfit: BBQ-Snacks, eine Klinik, ein Schönheitssalon und Imbißlokale. In der Höhe von Alvarado Street gewinnen die hispanischen Zeichen die Oberhand: *Burrito King*, farbstarke Wandmalereien mit kämpferischen mexikanischen Motiven. Und dann und wann ein *car wash*.

Oben: Konsumlaune – der Rodeo Drive in Beverly Hills sorgt dafür

Links: Senil, aber mobil: »RUBS« (rich urban bikers) in Hollywood

Auch der Santa Monica Boulevard, die Zielgerade der Route 66, beginnt eher trist und nimmt ihren Lauf durch einen ruppigen Mix aus Telefonstangen und Service-Schuppen. Erst ab der Kreuzung mit Western Avenue kommt ein Hauch von Glanz ins Spiel: der Hollywood Cemetery mit seinen berühmten Toten und die Studios von Paramount, Technicolor und Warner Brothers.

Rechter Hand, am Berghang des Mount Lee, prangt die Schrift HOLLYWOOD. Das war nicht immer so. In den 70ern sah es jahrelang ramponiert aus wie der angeschlagene Name eines Stars. Der dazugehörige Ort war schließlich auch nicht mehr das, was er einmal war. Sein Hang zum gigantischen Glitter schien, ähnlich wie die Riesenbuchstaben seines Namens, weithin und für alle sichtbar gebrochen.

Dabei hatte alles mit viel Optimismus angefangen. Auch die Entstehung des 15 Meter hohen Schriftzuges. HOLLYWOODLAND war ursprünglich zu lesen. Grundstücksmakler warben hier 1923 für die Erweiterung der Neubausiedlung. Damals sorgten 4 000 Glühlampen für Publicity rund um die Uhr – bei den Bewohnern, Touristen und Piloten.

Aber das blieb nicht so. Zunächst einmal wurde der Name amputiert. Das LAND verschwand hinter HOLLYWOOD. Dann versuchte ein Lebensmüder, sich vom hohen H zu stürzen. Gerangel entstand über die Frage, wer eigentlich für die Instandsetzung der Buchstabenreihe zuständig war. Kletterer attackierten es mit Spraydosen; Gemeindefraktionen stritten sich über Sinn und Zweck eines solchen Gebildes. Längst war auch sein »Hausmeister« ausgezogen. Er wohnte jahrelang, bis 1939, in einer kleinen Bude gleich hinter dem ersten L und umsorgte von dort aus täglich den Buchstabenbau.

Dennoch ließen Zeit, Regen und Wind das Superzeichen langsam verrotten. Der schwerste Schlag kam im Winter 1977/78, als heftige Regenfälle den neun Buchstaben zusetzten. Der obere Teil des ersten O fiel ab, das Y bekam Schlagseite und bog sich zum Berg hin, das letzte O kippte gleich ganz um. Ein defektes HULLYWOOD war das Ergebnis. Niemand störte sich daran. Nur die Sicherheitsexperten der Bauaufsicht witterten Gefahr in der wackligen Angelegenheit. Als sie dementsprechend Hand anlegen wollten, war für die Zeichenliebhaber plötzlich guter Rat teuer, denn der Preis für den Neubau dieser *monstergraphic* wurde auf 250 000 Dollar geschätzt – keine billige Rechtschreibreform. Der lokalen Industrie- und Handelskammer, die das Schild seit 1939 verwaltete, war das zuviel Geld. Der Stadt Los Angeles erst recht. Private Geldquellen, aus denen kleinere Reparaturen in der Vergangenheit bestritten wurden, schienen ebenfalls überfordert.

Nun war aber HOLLYWOOD kein x-beliebiges Zeichen, sondern das größte der Welt, einen ganzen Häuserblock lang (150 Meter) und vier Stockwerke hoch. Es galt schließlich als einer der wenigen markanten Orientierungspunkte, die Los Angeles überhaupt zu bieten hatte. So fanden sich auf einmal, im Sommer 1978, zahlreiche Gönner, die Hollywoods Namen wieder auf die Beine stellen wollten. Allen voran Popstar Alice Cooper. »Wir alle«, verkündete er, »sind mit Hollywood groß geworden, ob im Kino oder vor dem Fernseher. Ich finde, jeder schuldet Hollywood einen Dollar.« Sagte es und machte es gleich tausendfach wahr: Er ließ 28 000 Dollar springen. Das waren exakt die Kosten für die Installation eines neuen Buchstabens. Cooper bat um das letzte O – zur Erinnerung an Groucho Marx.

Nach und nach fanden sich weitere Buchstabenspender. Während Goldwyn Studios einen Werbefilm produzierten, meldete sich der damalige Playboy-Chef Hugh Hefner als nächster. Das Y war ihm 50 000 Dollar wert. »Das

Hollywood ...

... Venice ...

... und Beverly Hills sind beinah die letzten Städte an der Route 66 ...

Schild ist unser Eiffelturm«, verkündete er. Sänger Andy Williams tat es ihm nach und bekam, natürlich, das W. »Hollywood ist eine Gemeinde, die dabei ist, sich wiederzuentdecken. Die Spende ist eine Investition in die Stadt«, befand ein betuchter Verleger und ließ 28 000 Dollar für das H springen. Das D kam von einem lokalen Design-Büro, das vorletzte O von Warner Brothers. Cowboy-Altstar Gene Autry machte sich für das letzte L stark und befand: »Das Schild war so etwas wie ein Markenzeichen für Hollywood, so ähnlich wie Pepsi oder Coca-Cola. Es erinnert an den alten Glamour und die goldenen Jahre.«

Stück für Stück leistete sich Hollywood so das *face lifting* seines baufälligen Namens. Der aufwendige Buchstabierungsversuch klappte. Seither strahlt das Resultat stolz am Berghang. Grund genug für manche, zu meckern: Die vormals unter der Sonne zitternden Buchstaben hätten dem ramponierten Image Hollywoods besser entsprochen als die makellose Reinschrift. Mag sein. Aber kostspielige Illusionen waren in dieser Gegend noch nie zu teuer.

Der gläserne Kuppelbau des *Dome Cafe* markiert die Ecke von Fairfax Avenue, die das jüdische Viertel der Stadt zusammenhält, und ringsum wird es freundlicher und lebendiger – bunte Läden und Boutiquen, ja, sogar ein Straßencafé wagt sich heraus. Seit man in Kalifornien drinnen nirgendwo mehr rauchen darf, sind sie selbst im traditionell fußgängerfeindlichen Los Angeles aus dem Boden geschossen. In Hollywood legt sich der Boulevard einen grünen Mittelstreifen zu, und während links der »Blaue Wal« auftaucht (das voluminöse Pacific Design Center), nähern sich rechts das *Palm Restaurant* und *Doug Westins Troubadour*, beides erste Adressen in L.A. – die eine für Gourmets, die andere für Musikfans.

Dann wird's vornehm. Klar, denn Doheny Drive bildet die Stadtgrenze von Beverly Hills. Von einer Sekunde auf die andere ist es mit dem grellen Kommerz vorbei. Reklame gilt hier als verpönt. Nur dichtes Grün und dicke Mauern haben Daseinsrechte, und jeder noch so flüchtige Blick in die Seiten-

straßen verrät sofort Wohnquartiere vom Feinsten. Nur an einem einzigen Bürohaus haben sich ein Stern und ein Hasenkopf offenbar Ausnahmegenehmigungen erschlichen: *Mercedes* und *Playboy*. Kurz vor der teuren Konsummeile des Rodeo Drive erhebt sich das Rathaus von Beverly Hills in pompösem Zuckerbarock. Hier waltete einst Will Rogers, der treue Weggenosse der Route 66, ehrenamtlich als Bürgermeister.

Kurze Zeit später übernimmt Los Angeles wieder die territoriale Regie – erst durch die kühle Hochhausgarde von Century City und dann durch den architektonisch schwer verdaulichen Mormonentempel in Westwood. In Santa Monica endet der gute alte Highway an Ocean Avenue, am palmenbesetzten Palisades Park, in dessen Rasen, ein bißchen wie ein Grabstein, eine Plakette eingelassen ist:

... die letzte Stadt heißt Santa Monica

Schlußstein in Santa Monica: hier enden die Kicks der Route 66

Will Rogers Highway
dedicated in 1952 to
Will Rogers.
Humorist. World Traveler. Good Neighbor.
This is Main Street of America.
Highway 66
was the first road he travelled in a career that led
him straight to the hearts of his countrymen.

So abrupt und doch so rührend endet die Route 66 und mit ihr gleich ein ganzer Kontinent. Unten, am Fuß der Klippen beginnt das Meer: *open end ...*

Chronik

Baugeschichte einer Legende

»Historiker des 26. Jahrhunderts sollten wissen, daß amerikanischer Kitsch und schlechter Geschmack auf der Route 66 möglicherweise in den Krokodilsfarmen und »indianischen« Trading Posts gipfelten. Aber die 66 umspannte die Nation, war die Geburtshelferin des Motelzeitalters, und der Wind, der ihren Staub aufwirbelte, trieb auch die grundlegenden Veränderungen Amerikas an.«

J. L. Jones, Herausgeber und Verleger der *Tulsa Tribune*

In der Ur- und Frühgeschichte der amerikanischen Straßen schaffen Indianer, Entdecker, Trapper, Pioniere, Eisenbahnkonstrukteure und frühe Siedler ein wenig zusammenhängendes Netz aus Trails und anderen unbefestigten Wegen. Die ersten Straßenkarten erscheinen 1789. Als Thomas Jefferson von Virginia zum Continental Congress nach Philadelphia reist, muß er wiederholt Pfadfinder anheuern.

Prärie-Schoner als Cabrio: sportliche Variante eines alten Transportmittels im Mittleren Westen

Bis in die 30er Jahre war dies die einzige Autostraße (»plank road«) durch die kalifornische Mojave-Wüste

1790 ff.

Zu den ersten Landstraßen gehören der 62 Meilen lange Philadelphia and Lancaster Turnpike, die Boston Post Road zwischen New York und Boston, die Wilderness Road durch Kentucky und die Great Road, die Philadelphia mit der Mündung des Conestoga River in Pennsylvania verbindet.

In dessen Tal wird der erste amerikanische Lastwagen gebaut, der von Pferden gezogene *Conestoga wagon*. Die frühen Siedler bevorzugen allerdings den beweglicheren Prärieschoner, den Maultiere und Ochsen wie Segelschiffe durch die Grasmeere ziehen. Zum Fuhrpark der frühen Jahre gehören außerdem die *carretas* der mexikanischen Händler, Karren mit zwei Holzscheibenrädern aus drei Teilen, die seit der Zeit der Konquistadoren im Einsatz waren, und die Handkarren der Mormonen. Um die Mitte des 19. Jahrhunderts nutzen die Prärie-Ärzte Buggies, die Post (Overland Mail seit 1858, seit 1866 Wells Fargo) Kutschen und Pferde (der kurzlebige Pony Express 1860–61). Die Hauptlast des Personen- und Güterverkehrs übernimmt schließlich die Eisenbahn.

1890 ff.

Am Ende des 19. Jahrhunderts bedeutet *road* immer noch *railroad*. Insgesamt sind bereits 200 000 Meilen Schienen verlegt. Die Eisenbahn beherrscht praktisch den gesamten Reiseverkehr über Land. Die ersten Autos erscheinen auf dem Plan, und in kürzester Zeit schießen Automobilfabriken aus dem Boden. Entdeckernamen zieren die Modelle: De Soto, La Salle, Cadillac und Hudson. Sie sind teuer, unzuverlässig und zum Fürchten. »Es wird niemals Leute geben, die sich auf eine Explosion setzen«, bemerkt ein Zeitgenosse. 1899 organisiert sich der Amerikanische Automobilclub (AAA). Um die Jahrhundertwende gibt es 8 000 Autos und die ersten Nummernschilder.

Später machte die neue Straße Fortschritte, die alte verschrumpelte bis zur Unkenntlichkeit

1903
Erste Durchquerung der USA mit dem Auto. Sie verläuft über Schotter, Holzplanken und mit Ziegelsteinen befestigte Wegstrecken. Henry Ford gründet seine Autofirma. 1904 erscheint die erste Rand-McNally-Straßenkarte. 1905 erhält die erste Straße eine Asphaltdecke.

1908
Henry Ford bringt sein berühmtes Auto *Model T* auf den Markt, das bald den Kosenamen *Tin Lizzie* bekommt. Preis: 800 Dollar.

1909
Obwohl bereits um die Jahrhundertwende erfunden, werden zum ersten Mal Asphalt und Zement in größerem Umfang als Straßenbefestigung eingesetzt. Die *Model Ts* vermehren sich schnell: 19 000 sind bis jetzt verkauft, vier Jahre später werden täglich 1 000 Stück produziert.

1910 ff.
Das Auto, inzwischen gibt es schon eine halbe Million davon, beginnt die Nation zu verändern, die Macht der Schiene zu brechen und den Tourismus in Schwung zu bringen. Die ihm entsprechende Infrastruktur entsteht: An der Straßen nehmen Benzinsäulen Platz, und als Begleiterscheinung der neuen Mobilität gewinnen Straßenkarten immer größere Bedeutung.

Als erste Mineralölfirma verteilt 1914 die Gulf Oil Company solche Karten kostenlos. Andere Benzinfirmen folgen. Die Karten bemühen sich um eine attraktive Cover-Gestaltung (oft Frauen in Cabrios mit wehenden Haaren), um den Benzinverkauf zu fördern. Nach Rand McNally geht ein zweiter kartographischer Verlag ins Rennen: die General Drafting Company in New York. Dennoch boykottieren anfangs viele Farmer die Autofahrer. So manches empfindliche Model-T-Gefährt bleibt in gezielt ausgehobenen Schlammgruben stecken. So konnte man die Fahrer, die man als blasierte Städter verachtete, wenigstens kostenträchtig bergen.

1913
Die Einführung des Fließbands durch Ford drückt den Preis des *Model T* auf 345 Dollar.

1914
Entlang der Eisenbahnlinien entsteht der National Old Trails Highway als Vorläufer der Route 66. Inzwischen fahren zwei Millionen Autos in den USA.

1916
Präsident Woodrow Wilson unterschreibt den Federal Air Road Act, ein Gesetz zur Schaffung von Nationalstraßen *(interstate roads)* und deren Finanzierung durch den amerikanischen Steuerzahler. Ein Jahr später gründet Frank Phillips in Oklahoma die *Phillips Petroleum Company*.

Straßenpflasterung 1917. Ein Arbeitstrupp schaffte 100 bis 200 Meter pro Tag – bei einer Straßenbreite von gut sechs Metern

Service unterwegs ist Trumpf: Von Anfang an verwöhnen die Benzinfirmen ihre Kunden mit ansprechenden Tankstellen und gutem Kartenmaterial

1920

Besonders im Westen wächst der Wunsch nach einer durchgehenden Ost-West-Verbindung. Vor allem die ländliche Bevölkerung und populistische Gruppen setzen sich für mehr Straßen ein, um das diktatorische Gebaren der Eisenbahngesellschaften den Farmern gegenüber zu brechen. Der Automobilclub führt die Lobby für den Straßenbau an.

Die verbesserte Anbindung, die steigende Autoproduktion und feste Straßendecken wecken neue Freude am Autofahren. Eine Art Automanie nimmt in den *Roaring Twenties* ihren Lauf: mit etwa zehn Millionen Fahrzeugen 1920 und mit 23 Millionen im Jahre 1929.

1921

Der Kongreß bewilligt erneut beträchtliche Steuermittel für den Ausbau des Straßennetzes. Die Fastfood-Welle gewinnt Kontur. Die erste Verkaufsbude der Kette *White Castle Hamburger* macht in Wichita, Kansas, auf; im texanischen Dallas entsteht der erste *Drive-In*. Die Nation bereitet sich auf ihre Hauptmahlzeit vor: *Hamburger & French fries*.

Typische Tankstelle der »Phillips Petroleum Company« (links oben)

Vater der Route 66: Cyrus Stevens Avery (rechts oben)

1923

Der erste nationale Highway, der Lincoln Highway (später US 30, dann I-80) wird dem Verkehr übergeben. Er verbindet New York und San Francisco über weite Strecken durch eine Matsch- bzw. Geröllpiste. Die Farbwahl seines Schildes verbreitet patriotische Untertöne: ein »L« auf einem weiß, blau und roten Feld.

1924 f.

Die Treibstoffindustrie gewinnt an Boden. Die sich wie Pilze vermehrenden Tankstellen betreiben durch den Anbau von Toiletten schon früh Kundenfang. (Tankstellen-Statistik: 1921: 12 000, 1927: 116 000, 1929: 143 000, 1933: 170 000 und 1940: 231 000.) Die harten Straßendecken wachsen gewissermaßen von ihren westöstlichen Enden her: Illinois und Kalifornien bilden die Vorreiter, Oklahoma das Schlußlicht. Der in Tulsa, Oklahoma, ansässige Geschäftsmann und Verkehrsexperte Cyrus Stevens Avery kämpft am hartnäckigsten für eine Durchgangsstraße, nicht ohne den Hintergedanken, daß eine transkontinentale Achse zwischen dem sogenannten *heartland* und dem Westen die Wirtschaft in Oklahoma ankurbeln würde.

1925

Die Bundesstraßen erhalten Nummern, für solche in Ost-West-Richtung gerade, für die in Nord-Süd-Richtung ungerade Zahlen. Damit zerfällt auch der Lincoln Highway in regionale Einzelteile mit unterschiedlichen Nummern. Die Umstellung stößt anfangs auf Kritik. Die *New York Times* schreibt: »Manchen Reisenden, die über den Lincoln oder Jefferson Highway fahren, mögen die Tränen kommen. Aber wie sollen sie einen Kick aus einer 46 oder 55 oder 33 bekommen?«

Burma-Shave, Firmen- und Markenname der ersten Rasiercreme, die den Rasierpinsel überflüssig machte, stellt sein erstes *jingle* an der Straße auf – eine Sequenz von Tafeln mit Textbrocken, die sich (mehr oder weniger gut) reimen und auf eine Pointe hinauslaufen:

HE HAD THE RING
HE HAD THE FLAT
BUT SHE FELT HIS CHIN
AND THAT
WAS THAT (1934)

Einige Sprüche verbanden die Eigenwerbung mit dem Appell, vorsichtig zu fahren:

PAST
SCHOOLBUS
TAKE IT SLOW
LET THE LITTLE
SHAVES GROW (1934)

Die letzten Schilder wurden 1963 abmontiert.

1926

Geburtsjahr der Route 66: am 11.11. erhält der von Avery konzipierte und promotete US-Highway offiziell die Nummer 66. Avery gilt fortan als *Father of Route 66.* Allerdings besteht die als »Agent des Fortschritts« begrüßte Strecke zunächst noch aus einem Flickenteppich unterschiedlich brauchbarer Wege. Doch zweifellos markiert Averys Pioniertat einen Wendepunkt: den vom Straßenbau als kommunale Initiative zu koordinierter staatlicher Planung – eine Weichenstellung, die fortan zur Auflösung regionaler Kultur und zu einer Angleichung des *American Way of Life* beitragen wird. So wie die Bundesstraßen die Landstraßen, lösen die Filme aus Hollywood die regionalen Vaudeville-Theater ab und leisten damit ihren Beitrag zu einem gemeinsamen Bilderhaushalt der Nation.

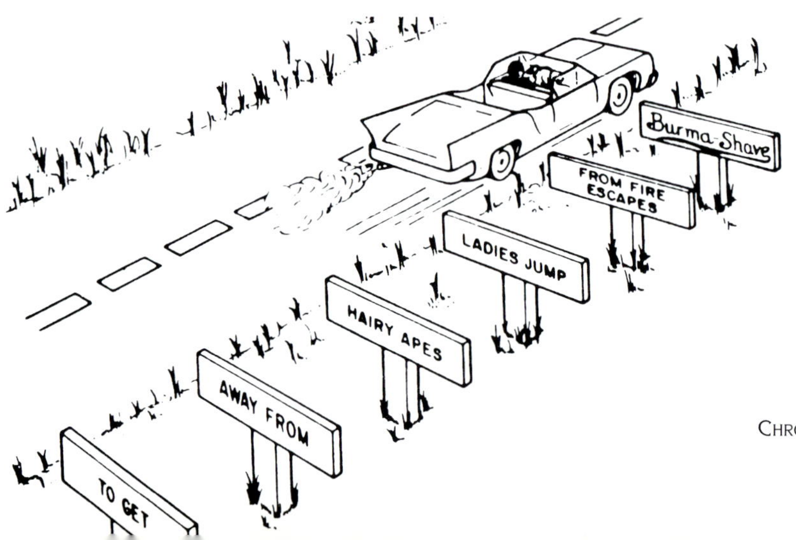

Autolyrik: Rekonstruktion einer Werbefrequenz der Rasierwasserfirma »Burma Shave«

Im Zeichen des Öls: Imbißbude in Oklahoma City (ca. 1939)

Ein dritter großer Kartographie-Verlag orientiert jetzt die Nation: die J. M. Gousha Company. Zwischen 1914 und 1964 werden vier Milliarden Straßenkarten unters Volk gebracht.

1927

Ein 90tägiger Marathonlauf von Los Angeles nach Chicago soll Werbung für die neue Transitstrecke machen.

Der zunächst sechs Meter breite Highway lockt routenspezifische Serviceangebote für die mobile Kundschaft an. Einfache Unterkünfte und kleine Motels entstehen, ebenso erste *Drive-Ins* und Tanzlokale. Die Motels, bei denen man vorab bezahlt, präsentieren sich als autobezogene Alternative zu den traditionellen Innenstadthotels in Bahnhofsnähe. Camping gewinnt an Popularität, besonders in Missouri. Phillips' erste Tankstelle macht das Highway-Schild zu seinem Markenzeichen: »Phillips 66«.

Wenn die Herrschaften in ihren 1920er Roadstern anrollen, ist alles noch frisch: die Straße, die Autos, das Land, die Stopps in den kleinen Städten am Wege. Besonders die Werbung der Auto- und Mineralölfirmen suggeriert dem Städter, mit dem Auto das wahre Amerika und die heile Welt der Farmen erleben zu können. Motelbesitzer hocken vor ihren Herbergen und halten den Übernachtungspreis auf einem Pappschild hoch, sobald ein Auto vorbeikommt: acht Dollar zum Beispiel.

1929

Das *Model T* kostet jetzt 290 Dollar. Der verbesserte Straßenzustand der Route 66 (in den Staaten Illinois und Kansas durchgehend asphaltiert, in Missouri zu zwei Dritteln, in Oklahoma zu einem Viertel) gibt mehr Anlaß zum Optimismus als die Lage der Gesamtwirtschaft. Der *Black Friday* führt zum Börsenkrach, die Stunde der *Great Depression* schlägt.

Komfort auf dem Lande: Während der Obstverkäufer in der Sommerhitze schwitzt, sorgt der gut gekühlte »Packard« für zufriedene Gesichter

1930 ff.

Um Arbeitsplätze zu schaffen, fließen weitere Staatsgelder in den Straßenbau, darunter auch einige Projekte der staatlichen Arbeitsbeschaffung. Immer mehr Tankstellen, Motels, Cafés, Imbißstände und Souvenirläden machen sich breit. Durchweg handelt es sich dabei um Familienunternehmen, was unter anderem auch die Kundenfreundlichkeit begründet.

Die wachsende Konkurrenz im Kampf um den Touristen-Dollar ermuntert die Tankstellen zu neuen Image-Lösungen. Das Art déco und der britische Landhausstil beeinflussen ihr Design. Zapfsäulen werden im Stil spanischer Missionen umbaut und ganze Gebäude »in Form von« errichtet. Einzelne Tankstellen, Imbißbuden und Motels sehen aus wie Eisberge, Indianerzelte, Leuchttürme, Windmühlen, Flaschen, Kaffeekannen oder Flugzeuge. Augenfallen locken zusätzliche Kunden an: nachgebaute mittelalterliche Burgen, Gips-Dinosaurier, Milchflaschen im Superformat und jede Menge Vergnügungsparks.

1934

Dürreperioden und Sandstürme verwandeln weite Landstriche des Süd- und Mittelwestens, die sogenannte *Dust Bowl*, in Mondlandschaften und vertreiben Hundertausende Farmer.

Leute aus Texas, Oklahoma, Arkansas, Kansas und Colorado mit Cargo und Matratzen auf ihren Autodächern fliehen nach Westen. Die wirtschaftliche Flaute verstärkt noch die Heftigkeit des Exodus. Für die geschätzten 350 000 Betroffenen wird die Route zur *road of flight*, zum *Dust Bowl Highway*, aber auch zur *road of hope*, denn die Hoffnungen richten sich auf den angeblich »Goldenen Westen«, auf Kalifornien. Viele bleiben auf der Strecke; an den Straßenrändern häufen sich die Wracks.

Eßplatz für Mobile. Die Bauelemente signalisieren Tempo: Simon's Drive In, 1939, Los Angeles

1937
Die Route hat auf ihrer Gesamtlänge festen Bodenbelag; das letzte »offene« Stück zwischen Afton und Miami in Oklahoma ist geschlossen. Auch die Abkürzung in New Mexico ist fertig. Statt der bisherigen Streckenführung über Santa Fe und Los Lunas verläuft die Route nun von Santa Rosa aus direkt nach Albuquerque und spart so 98 Meilen ein.

1938
Der Service-Standard an den Tankstellen legt noch einmal zu. Einige von ihnen starten regelrechte Kampagnen für saubere Toiletten und bieten Trupps lächelnder Highway-Hostessen auf, hilfsbereite Schwestern, die die Straße patrouillieren und die sanitären Anlagen inspizieren. Außerdem sorgen sie für Erste Hilfe und helfen reisenden Müttern beim Windelwechsel.

Dennoch, im Vorfeld des Zweiten Weltkriegs neigt sich das Goldene Zeitalter des Designs der Tankstellen ihrem Ende zu. Ihr Erscheinungsbild wird fortan nüchterner, praktischer und ökonomischer.

Uhu als Eisbude: 1925 in Los Angeles

1939
Das Schicksal der Familie Joad in John Steinbecks *Früchte des Zorns* bewegt die Öffentlichkeit. Der Roman thematisiert die Flucht der sturmgebeutelten Farmer aus dem Mittelwesten nach Kalifornien. Die US 66 hilft dabei als »Mutter aller Straßen« *(mother road)*, was fortan ihren Mythos festigt. Im Folgejahr verfilmt John Ford den Roman mit Henry Fonda.

1940 ff.
In den späten 30er Jahren, nachdem sich in der *Dust Bowl*, der große Wind, gelegt, Regen die Plains in fruchtbares Ackerland zurückverwandelt hat und

aus armen Schluckern reiche Farmer geworden sind, bringt der Kriegsausbruch neue Bewegung auf die Route 66. Enorme Investitionen der kalifornischen Kriegsindustrie lösen eine massive Migration von Arbeitskräften aus, und zahlreiche Ausbildungslager und andere militärische Einrichtungen entstehen in der Nähe der Route. Die 66 wird zur Hauptachse des Militärverkehrs, für Waffentransporte und Truppentransfer. Für die Zivilbevölkerung werden Gummi und Benzin knapp; Coupons regeln die Rationierung.

1945

Nach Kriegsende bricht das Goldene Zeitalter der Route 66 an, eine ungeahnte automobile Reiselust läßt das Tourismusgeschäft blühen. Die meisten Kunden, inzwischen zahlungskräftiger, wählerischer und anspruchsvoller

Flugzeug als Tankstelle: 1934 in Los Angeles

geworden, heizen den Wettbewerb der Etablissements an. Komfortablere Unterkünfte sind nun gefragt, Motels mit Pool, TV und Klimaanlage.

1946

Jack D. Rittenhouse veröffentlicht *A Guide Book to Highway 66*, den ersten einschlägigen Reiseführer, der zur Bibel unzähliger Motoristen avanciert und zur Popularisierung der Route beiträgt. Bis heute wird das Büchlein unverändert nachgedruckt: ein Reiseführer, in dem die Zeit stehengeblieben ist – und damit seinem Thema adäquat.

1947

Unterwegs auf der Route 66 schreibt Bobby Troup zusammen mit seiner Frau Cynthia den Klassiker-Song *Get your kicks ...* ganz im Stil des Nachkrieg-

Booms und verkauft ihn anschließend in L.A. an Nat »King« Cole. Der Song, der auf Anhieb zum Hit wird, zeichnet die musikalische Landkarte der Straße, die fortan zahlreiche Interpreten zu Variationen animiert, unter anderem die Andrews Sisters, Bing Crosby, Chuck Berry und die Rolling Stones.

Später äußert sich Cynthia Troup kritisch über Route und Text: »Für mich war sie eher eine lange Straße mit billigen Hotels und Restaurants. Außerdem versteh' ich wirklich nicht, warum Albuquerque im Song fehlt.«

1948

In San Bernardino, Kalifornien, eröffnet der erste McDonald's-Laden. Im gleichen Jahr importieren die USA zum ersten Mal in ihrer Geschichte Rohöl, weil der Bedarf die eigenen Fördermengen übersteigt.

Mit Sack und Pack: »Okies« auf dem Weg in den goldenen Westen

1950 ff.

In der Nachkriegszeit dehnen sich die Vorstädte enorm aus, und an deren Straßen hält der sogenannte gute Geschmack Einzug: Tankstellen, Imbißlokale und Motels verzichten zunehmend auf orginelles Dekor oder Ornamente zugunsten normierter Baukörper.

Für den wiederum wachsenden Tourismus legen sich die Unternehmen entlang der Route 66 noch einmal heftig für Souvenirjäger und leichte Familienvergnügungen ins Zeug: Picknickplätze, Attraktionen für Spritztouren, Überland-Entertainment wie Tropfsteinhöhlen in den Ozark-Bergen, Schlangengruben, verrückte Zoos, Ahornsirup und Apfelsaft, richtige Indianer und Disneyland – alles wird aufgeboten.

Die Wohlstandsära der 50er Jahre inszeniert die Route 66 als eine rollende Show. Im Auto, der »mechanischen Braut der Nation« (McLuhan), läßt

Starthilfe: Benzinwerbung in den 50er Jahren

sich die Weite des Landes beschwingt erleben, während bunte Heckflossen und Autokinos für die Begleitmusik der Gefühle sorgen. Die riesigen Reklametafeln am Wegesrand verschaffen genügend Augenfutter, indem sie die amerikanischen Nachkriegsträume in einer Art Bildergalerie für jedermann nachzeichnen.

Bei einer Auto-Show im New Yorker Waldorf-Astoria Hotel wird Amerikas erster Sportwagen vorgestellt, der zweisitzige GM Chevrolet Corvette. Er entwickelt sich zum Kultmobil und inspiriert TV-Serien, Filme, Songs, zwei Museen und 700 internationale Clubmitglieder. Auch die Beatniks, eigentlich

»Phillips 66«-Kampagne für saubere Tankstellen-Toiletten

erpicht auf die Revision der herrschenden Werte, nutzen die Annehmlichkeiten des *happy motoring* ihrer Landsleute und flankieren den Wegesrand – als Tramper.

Wachsende Verkehrsdichte, höhere Tempi und immer mehr Lastwagen steigern gleichwohl die Unfallziffern. Die Route 66 erweist sich als nicht breit genug und handelt sich als *Bloody 66* bzw. *killer road* einen schlechten Ruf ein. Reifenpannen, gefährliche Kurven, unbeschrankte Bahnübergänge sorgen für Probleme. Weder ihre Taufe zum Will Rogers Highway 1952 noch Jack Kerouacs 1955 erscheinender Kultroman *On the Road* ändern daran etwas.

1956

Der Interstate Highway Act läutet den Anfang vom Ende der Route 66 ein, denn er ist die gesetzliche Grundlage für die geplanten mehrspurigen Autobahnen *(Interstates)*, die kreuzungslos und ampelfrei jenem Vorbild folgen, das Präsident Eisenhower als General und viele US-Soldaten während des Kriegs in Deutschland kennengelernt hatten. Peu à peu ersetzen sie die alte Bundesstraße. Für ganze Kleinstädte bedeutet dies den wirtschaftlichen Garaus, denn die Interstate läßt sie plötzlich links liegen, und viele bekommen nicht einmal mehr eine eigene Ausfahrt. Main Street, das verkehrstechnische Rückgrad der meisten Kleinstädte und die Lebenslinie der traditionellen Geschäftskultur der Highway-Entrepreneure, verabschiedet sich. Monolithische Kettenbetriebe treten an ihre Stelle.

1960 – 64

Im Todeskampf der alten Route erwacht ihr Mythos: die Vorstellung von einer Ur-Straße als Medium des ungezwungenen Lebens. Der Fernsehsender CBS strahlt eine über vier Jahre laufende populäre TV-Serie aus, die sich um die Abenteuer von zwei jungen Männern dreht, die in einem Chevrolet-Cabrio, der Corvette, auf der US 66 unterwegs sind.

Bis heute ist dieser Wagentyp untrennbar mit der Straßennummer verbunden, obwohl in seinem Kofferraum noch nicht einmal zwei Zahnbürsten oder Unterhosen zum Wechseln Platz hätten. »Meiner Meinung nach symbolisierte die Serie das Bedürfnis der Menschen, mal aus dem normalen Trott auszubrechen und ein freies Leben zu suchen«, sagt später Martin Milner, einer ihrer Darsteller.

Die Route 66 und Oldtimer sind bis heute Synonyme geblieben: hier ein gepflegtes Modell von 1932 in Kalifornien (Stutz Bearcat)

Der Erfolg der Hamburger im ersten McDonald's-Laden in San Bernardino wird noch übertroffen von der Liebe zu den Orangen, die im nahen San-Gabriel-Tal wachsen

1965
Angeführt von der rührigen Präsidentengattin Ladybird Johnson, schafft der Highway Beautification Act die gesetzliche Voraussetzung für die überfällige Säuberung der Highway-Korridore vom häßlichen Honky-Tonk ihrer Werbezeichen und Schilderwälder – eine Kampfansage gegen die visuelle Umweltverschmutzung.

Vertreter der System-Gastronomie und -Motellerie übernehmen mehr und mehr das Kommando und verdrängen die letzten Familienbetriebe. Das hat auch ästhetische Folgen. Die traditionelle Tankstelle verschwindet zugunsten der anonymen Standardfiliale. Grüßende, putzende oder gar winkende Hände werden durch digitale Pumpen ersetzt, nach deren Bedienung man nur noch sein Geld durch den Schlitz im Panzerglas schiebt.

1973
Das arabische Ölembargo beschert der Autofahrernation erneut Benzinrationierungen. In den Folgejahren schließt mehr als die Hälfte aller Tankstellen für immer. (1972 gab es noch 226 000, 1990 sind es nur noch 111 657). Bei den meisten der verbleibenden herrscht Selbstbedienung, die bereits 1947 in Los Angeles erfunden worden sein soll. In gewisser Weise schließt sich damit ein Kreis. Begonnen hatten sie mit einer Pumpe vor dem Kolonialwarenladen, am Ende steht wieder die Pumpe vor einem Tankstellengeschäft. Außer den beiden Ölkrisen (die zweite kommt 1979) sind auch die kostspieligen Auflagen für den Grundwasserschutz der Betriebsanlage (Austausch von Tanks und Schutzvorkehrungen) sowie das Aufkommen spezieller Reparaturwerkstätten, die den Tankstellen ein wichtiges Nebengeschäft

Vorläufer der Kettenbetriebe: Motels in Oklahoma

wegnehmen, für das Massensterben verantwortlich. Einige halten sich noch als verfallende Denkmäler einer romantischen Ära des Benzins, andere durchlaufen bemerkenswerte Funktionswandel, indem sie als Wohnhaus, Galerie, ja, auch schon mal als Kirche wiederauferstehen. In den weitaus meisten jedoch nisten von jetzt ab Bars und Restaurants, Andenkenläden und Maklerbüros.

1974
In der Nähe des texanischen Amarillo ensteht die Cadillac Ranch als Wahrzeichen der Route 66 und Hommage an die amerikanische Autokultur.

1977
Das letzte 66-Schild wird in Chicago abmontiert. An den Tankstellen gibt es keine kostenlosen Straßenkarten mehr. Fortan muß man sie kaufen oder Mitglied beim Automobilclub AAA sein.

1983
Die erste Route 66 Association wird gegründet.

1984 f.
Die Verbindung zwischen Chicago und Los Angeles besteht nun durchgehend aus den Interstate Highways I-55, I-44, I-40, I-15 und I-10. Die US 66 existiert offiziell nicht mehr, auch auf den Landkarten nicht. Die alte Straße stirbt, 59jährig.

1990 ff.
Der Tod gibt ihrer Mythenbildung mächtigen Auftrieb. Eine regelrechte Route-66-Renaissance greift um sich. In den betroffenen acht Bundesstaaten halten Geschichts- und Heimatvereine, gleichnamige Bars und Diners ihr Erbe hoch. Viele Routenliebhaber sind zwar, wie die Straße selbst, inzwischen im beschaulichen Rentenalter, aber das tut ihrem Engagement keinen Abbruch.

1994
Das Interstate-System umfaßt mit 42 742 Meilen (68 387 Kilometer) zwei Prozent aller US-Straßen, aber 21 Prozent des gesamten Straßenverkehrs.

1997
Einzelne Streckenabschnitte der originalen 66 (etwa bei Williams und Ash Fork in Arizona) werden als Radwege empfohlen, aber im Kern bleibt der amerikanische Mythos der individuellen Mobilität an den motorisierten Verkehr gebunden. Am auffälligsten sicher durch die Harley-Davidson-Fans, die mit ihren heißen Schlitten jugendliche Gefühle reaktivieren – Motto: senil, aber mobil.

In den Souvenirshops von Los Angeles und München erweitern sich die Sortimente des Route-66-Merchandising durch Straßenschilder, Neons, Jeans und Duftwasser. Die US-Presse läßt keine Gelegenheit aus, um sich dem Thema 66 zu widmen; Bildbände, Foto-Essays, Videospiele erscheinen ebenso wie zahllose Reisetips für Leute, die im alten Stil reisen wollen. In den USA, Japan, Deutschland und den Niederlanden organisieren Fan-Clubs inzwischen *Route 66 Cruises*. Sogar moderne Imitate des einstmals klassischen Restaurant-Designs mehren sich: die antiseptischen Futterkrippen der SONIC-Kette zum Beispiel, eine Neuauflage des Drive-In, und die nicht weniger steril wirkenden Niederlassungen der IN-N-OUT BURGER. Sie kopieren die Fastfood-Litanei entlang der amerikanischen Straßen und beten sie nach: *Hardee's*, *Wendy's*, *Burger King's*, *Denny's*, *McDonald's*, *Stuckey's*, *Taco Bell*, *Schlotzky's* und wie sie alle heißen.

Im US-Kongreß überlegt man, die Reste der Route staatlich zu schützen. »Die Route 66 hat den Charakter dieses Landes so wunderbar zum Ausdruck gebracht, sie darf nicht verschwinden«, heißt es dort.

... bis zum letzten Tropfen: Tankstelle der Whiting Brothers, Winslow, Arizona ▷

1999

Historische Spurensicherung liegt in den USA derzeit im Trend. So wurden jüngst der California Trail und der Pony Express Trail der nationalen Erbmasse zugeschlagen. Also könnte dies in absehbarer Zeit darauf hinauslaufen, daß die Route 66 vom National Park Service verwaltet wird, was ihr endgültig den Aufstieg zum Denkmal, Drive-In-Museum und zur Statue der Freiheit durch Mobilität sichern würde.

Chicago, 1977: das letzte 66-Schild wird abmontiert

WHITING BROS.
GAS FOR LESS

W
WHITING BROS.
B

Orts- und Sachregister

Namenregister

Bildnachweis

Howard Ande: S. 29, 36, 48/49 o., 100, 112

Yannis Argyropoulos, Brüssel: S. 3, 10, 11, 18, 20, 21, 45, 55, 57 o., 58, 74, 84/85 o., 85 u., 87 r., 89 u., 96, 96/97 o., 98, 102 u., 104, 105, 106, 108, 109, 113, 115, 116, 117,

122/123 u., 123 o., 133 o., 154/155

Peter Ginter, Köln: Umschlagrückseite, S. 19, 27, 30/31, 34, 35, 37, 38, 39, 40, 41, 42, 44, 48, 50, 51, 52/53, 59, 60, 61 u., 62, 64 r., 67, 68, 69, 71 r., 72, 73 u., 75, 76/77, 78/79, 80/81, 82, 83 o., 88 l., 89 o., 91 o., 103 u., 110, 111, 118/119, 122 o., 124 u., 125, 127, 128/129,

Christian Heeb/LOOK, München: Umschlagvorderseite, S. 24/25, 28, 32/33, 63, 84 u., 86, 100, 107, 128 l., 130, 133 r.

Karl Johaentges/LOOK, München: Haupttitel (S. 2), S. 36/37 m., 73 o., 99, 102 o., 121

Rainer Martini/LOOK, München: S. 24 l.

Horst Schmidt-Brümmer, Köln: S. 43, 49, 54, 57, 61 o., 64 l., 83 u., 87 l., 88 u., 91 u., 92, 93, 94, 95, 97 u., 103 o., 120, 124 o., 126, 131, 132, 135 u.

Tulsa Convention & Visitors Bureau/Don Sibley: S. 65 r.

Vista Point Verlag, Köln: S. 8, 134/135

Die »Roadstamps« mit Motiven der Route 66 wurden dem Verlag freundlicherweise von Patrick Grauwels und Yannis Argyropoulos zur Reproduktion zur Verfügung gestellt.

Alle übrigen Abbildungen stammen aus dem Archiv des Textautors.

Umschlagvorderseite: Motel in Amarillo, Texas. Foto: Christian Heeb/LOOK, München
Haupttitel: Auf Nummer Sicher durch die Wüste. Die Route 66 in Kalifornien. Foto: Karl Johaentges/LOOK, München
Umschlagrückseite: Foto: Peter Ginter, Köln

Lektorat: Şebnem Yavuz
Layout und Herstellung: Tom Harwerth, Frankfurt/M.
Produktionsabwicklung: Andreas Schulz, Sandra Penno-Vesper
Reproduktionen: Litho Köcher, Köln, ceynowa lithographie, Köln
Kartographie: Berndtson & Berndtson Productions GmbH, Fürstenfeldbruck
Druck und buchbinderische Verarbeitung: L.E.G.O. S.p.A. Vicenza

Printed in Italy
ISBN 3-88973-617-3